Robert Sturm

# Wirtschaftsarchitektur des Jugendstils in Österreich

Ein Beitrag zur industriearchäologischen Forschung in Mitteleuropa

**Sturm, Robert: Wirtschaftsarchitektur des Jugendstils in Österreich: Ein Beitrag zur industriearchäologischen Forschung in Mitteleuropa, Hamburg, disserta Verlag, 2019**

Buch-ISBN: 978-3-95935-514-8
PDF-eBook-ISBN: 978-3-95935-515-5
Druck/Herstellung: disserta Verlag, Hamburg, 2019
Covermotive: Das Kraftwerk Steyrdurchbruch der Energie AG Oberösterreich
(https://commons.wikimedia.org/w/index.php?curid=5099191)
Stickerei Schallert, Bahnhofstrasse 15 in Nenzing
(https://commons.wikimedia.org/w/index.php?curid=2735877)


**Bibliografische Information der Deutschen Nationalbibliothek:**
Die Deutsche Nationalbibliothek verzeichnet diese Publikation in der Deutschen
Nationalbibliografie; detaillierte bibliografische Daten sind im Internet über
http://dnb.d-nb.de abrufbar.

© disserta Verlag, Imprint der Bedey Media GmbH
Hermannstal 119k, 22119 Hamburg
http://www.disserta-verlag.de, Hamburg 2019
Printed in Germany

# Vorwort

**Die Industriearchäologie** blickt in Österreich mittlerweile auf eine nahezu 100-jährige Tradition zurück. Im Jahre 1925 wurde im Bundesdenkmalamt ein Referat für „wirtschaftsgeschichtliche und technische Kulturdenkmale" eingerichtet. Mit der Schaffung dieser Institution bestand erstmals die Möglichkeit einer Unterschutzstellung von industriellen Baukörpern mit erhöhter historischer Bedeutung. Die industriearchäologische Forschung setzte Ende der 1960er Jahre mit den bemerkenswerten Studien Richard Pittionis ein und erreichte Anfang der 1980er Jahre mit den Publikationen Manfred Wehdorns einen ersten Höhepunkt. Mittlerweile besteht ein großteils zufriedenstellender Kenntnisstand in Bezug auf jene Baudenkmäler, welche die industrielle Entwicklung des Habsburgerreiches widerzuspiegeln vermögen.

Die Industriearchitektur der Donaumonarchie war in überwiegendem Maße vom Historismus mit seiner klassischen, teils sehr streng anmutenden Linienführung gekennzeichnet. Die nach gründerzeitlichen Maßstäben gestaltete Fabrik war hauptsächlich auf optische Wirkung und weniger auf Funktionalität ausgelegt, weshalb sich in der Wissenschaft der Begriff des „Industrieschlosses" einbürgerte. An der Wende vom 19. zum 20. Jahrhundert war der neu etablierte Jugendstil vor allem darum bemüht, gegen die historistische, ausschließlich auf Visualität bedachte Architektur anzukämpfen, wobei geschwungene Linien und florale Ornamente zu den wesentlichen Dekorelementen der modernen Kunstepoche avancierten. Neben der Verwendung unterschiedlicher Baumaterialien wie Beton, Eisen und Glas trat insbesondere die funktionelle Komponente in das Zentrum der Jugendstilarchitektur; eine Fabrik musste so konzipiert sein, dass sie den Arbeitern optimale Raum- und Lichtverhältnisse bot, ein Kraftwerk sollte jene strukturelle Stabilität für den Betrieb schwerer Turbinen und Generatoren aufweisen. Wie das vorliegende Buch zeigen möchte, erfasste der Jugendstil keineswegs nur den Fabrik- und Kraftwerkbau, sondern floss auch in Verkehrsbauwerke und andere im Zusammenhang mit der Industrialisierung stehende Strukturen ein. Dadurch repräsentierte er letztendlich eine für die Industriearchäologie bedeutende Stilepoche.

**Robert Sturm, Herbst 2019**

# Inhalt

# Inhalt

# Inhalt

▲▼▲▼▲▼▲▼▲▼▲▼▲▼▲▼▲▼▲▼▲▼▲▼▲▼▲▼▲▼▲▼▲▼▲

# KAPITEL 1

# Grundzüge der Jugendstilarchitektur

# Kapitel 1
## Grundzüge der Jugendstilarchitektur

### 1.1 Jugendstil – Begriffserklärung und Entwicklung

Der Jugendstil, welcher im Französischen, Englischen und Italienischen auch unter dem Terminus „Art nouveau" (neue Kunst) geläufig ist, bezeichnet im Allgemeinen eine kurze kunsthistorische Epoche an der Wende vom 19. zum 20. Jahrhundert. Er umfasste unter anderem die Strömungen des Reformstils, des Secessionsstils und des Modernisme. Der Jugendstil erhielt seinen Namen von der 1895 gegründeten Kulturzeitschrift „Die Jugend", als deren Erfinder der Deutsche Georg Hirth galt. Die Kunstströmung repräsentierte eine Art Gegenbewegung junger Kunstschaffender zum Historismus, welchen man als zu rückwärtsgewandt kritisierte. Man trat zudem auch gegen die als zu seelenlos verstandene Industrialisierung auf. Die Vertreter des Jugendstils fokussierten ihr Interesse auf neue Baumaterialien – vor all Eisen und Beton – und innovative architektonische Gestaltungsmethoden. Ihre hauptsächliche Verbreitung fand die Kunstströmung im deutschsprachigen Raum; darüber hinaus trat sie in den Niederlanden, Ungarn, den nordischen Ländern sowie in Lettland auf.[1]

Das erste Mal fand der Jugendstil-Begriff im Jahre 1897 bei der Sächsisch-Thüringischen Industrie- und Gewerbeausstellung in Leipzig seine Verwendung.[2] Für diese Veranstaltung wurde vom Künstler Paul Möbius der Pavillon Nietzschmann-Wommer gestaltet, der sich vom Althergebrachten sehr deutlich unterschied und durch zum Teil gewagte humoristisch-fantastische Motive gekennzeichnet war. Die hier realisierte Kunst war insgeamt durch eine völlig neue Form des Schwungs und der Leichtigkeit

---

[1]  Nachfolgend eine kurze Zusammenstellung wichtiger Übersichtsarbeiten zum Jugendstil: Hamann, R./Hermand, J.: Stilkunst um 1900. Hamburg 1977; Ahlers-Hestermann, F.: Stilwende. Aufbruch der Jugend um 1900. Frankfurt/Main 1981; Dewiel, L.: Schnellkurs Jugendstil. Köln 2007; Fahr-Becker, G.: Jugendstil. Königswinter 2007; Sembach, K.-J.: Jugendstil. Die Utopie der Versöhnung. Köln 2007; Sanna, A./Farina, V.: Jugendstil, Secessionsstil, Modernisme, Stile Liberty, Nieuwe Kunst, Modern Style. Florenz 2011; Bernet, C.: Jugendstil, Secession, Art nouveau. Norderstedt 2013; Banz, C./Beiersdorfer/L., Schulze, S. (Hrsg.): Jugendstil. Die große Utopie. Hamburg 2015.

[2]  Hirth, G.: Wege zur Freiheit. München 1903, S. 525.

geprägt, wodurch sie bei den Besuchern der Ausstellung gleichermaßen Erstaunen und Bewunderung hervorzurufen vermochte.[3]

Im deutschen Sprachraum können die Ursprünge des Jugendstils mit den drei Städten Wien, München und Darmstadt in Verbindung gebracht werden. Während man in Wien mit der neuen Kunstströmung gegen den Historismus der Ringstraßenepoche anzukämpfen gedachte und in München vor allem im Bereich von Innenarchitektur und Kunstgewerbe zu reüssieren vermochte, kam es in Darmstadt zur Etablierung der Darmstädter Künstlerkolonie, welche ihre wesentlichen Anregungen aus Großbritannien bezog. Zeitlich kann der Jugendstil zwischen Historismus und moderner Kunst eingeordnet werden. Die lediglich 20 Jahre andauernde Kunstepoche galt vornehmlich als Reaktion auf die industrielle Revolution mit ihrer Massenproduktion (siehe unten), den teils hegemonialen Historismus und die hauptsächlich vom Großbürgertum bestimmte Malkunst.

In Deutschland entstand der Jugendstil insbesondere aus lokalen Bewegungen und Künstleravantgarden, welche untereinander einen regen Ideenaustausch pflegten. In eigenen Kunstzeitschriften wie „Jugend", „Simplicissimus" oder „Pan" strebte man nach einer Konversation mit Kollegen und der interessierten Leserschaft. Besondere Erwähnung gebührt in diesem Zusammenhang dem Maler und Gestalter Otto Eckmann, der sich sehr ausführlich mit der japanischen Kunst befasste, darüber hinaus aber auch großes Interesse für die flächenhafte Darstellung von Naturmotiven hegte. Der Schwan, welcher sein Lieblingstier darstellte, avancierte zu einem Leitmotiv des Jugendstils. Neben München und Darmstadt zeichneten sich insbesondere Bad Nauheim, Karlsruhe, Nürnberg, Leipzig, Halle, Berlin und Hagen durch namhafte Jugendstilkünstler aus, die ihre gestalterischen Spuren in den einzelnen Städten hinterlassen hatten.

In der ausklingenden Habsburgermonarchie konnte sich der Jugendstil vor allem in Wien etablieren, wo entsprechende künstlerische Bestrebungen unter anderem durch die Zeitschrift „Ver Sacrum" und die Gruppe der Wiener Secession vorangetrieben wurden. An der Spitze dieser Vereinigung standen der Maler Gustav Klimt, der Architekt Joseph Maria Olbrich und der Dichter Hermann Bahr. Weitere Vertreter der in Österreich als Secessionsstil geläufigen Kunstströmung waren Otto Wagner, Josef Hoffmann, Josef Plečnik, Koloman Moser und Dagobert Peche. Die

---

[3]  Conrad, M. G./Seidl, A.: Die Gesellschaft. Band 16/Teil 2. Berlin 1970, S. 246.

Wiener Manufaktur Friedrich Goldscheider gelangte mit ihren Terrakotta-figuren ebenso zu Weltruhm wie die Wiener Werkstätte, die das vom Jugendstil beeinflusste Kunsthandwerk zur Perfektion brachte. Innerhalb der Monarchie fand der Secessionsstil auch noch in Prag, Olmütz, Brünn und Maria-Theresiopel (Subotica) großen Anklang. In der zuletzt genannten serbischen Stadt wurde ein Großteil des Ortskerns, darunter auch Rathaus und Synagoge, im Jugendstil errichtet.

Das Ende des Jugendstils lässt sich zwar zeitlich nur sehr schwer festmachen, ist aber nach allgemeiner historischer Auffassung noch vor Beginn des Ersten Weltkrieges anzusetzen.[4] In Deutschland wurde dem Jugendstil im Jahre 1906 das allmähliche Ende bereitet. Auf der III. Deutschen Kunstgewerbeausstellung, welche in diesem Jahr stattfand, wandte man sich wieder zunehmend von den Paradigmen der Kunstströmung ab. Als Folge dieser bemerkenswerten Entwicklung kam es bereits ein Jahr später zur Gründung des Deutschen Werkbundes, welcher Gediegenheit, Sachlichkeit und Schlichtheit in den Vordergrund stellte. Der unter dem Vorsitz von Hermann Muthesius stehenden Vereinigung traten später auch berühmte Jugendstilkünstler wie van de Velde, Behrens, Endell, Obrist oder Niemeyer bei. Zwischen 1906 und 1914 entstanden gemäß kunsthistorischer Literatur die „Reformarchitektur" und der „Reformstil". Dieser Zeitabschnitt trägt mitunter auch die Bezeichnung „Halbzeit der Moderne" oder „Prämoderne". In der Malerei zeichnet sich die Phase durch den allmählichen Übergang zum Expressionismus mit seiner zunehmenden Abstraktion und Intensivierung der Farbgebung aus.

In der Habsburgermonarchie wurde die Jugendstilarchitektur noch bis in die 1910er Jahre hinein weitergepflegt. Auch nach dem Ersten Weltkrieg wurden da und dort noch Bauwerke im spätsezessionistischen Stil errichtet, ohne dabei jedoch den Glanz jener in der Blütezeit des Jugendstils entstandenen Gebäude erreichen zu können. Bei der Interieurmalerei sowie bei Möbeln und anderen kunstgewerblichen Gegenständen vermochte sich die einst als modern gepriesene Kunstströmung sowohl in Österreich als auch in Deutschland bis in die Mitte der 1920er Jahre zu halten. Dabei wurde die traditionelle Formsprache mit den geschwungenen Linien und vegetabilen Ornamenten beibehalten, während man in der Farbgebung auf den zur selben Zeit in der Malerei aufstrebenden Expressionismus reagierte.

---

[4]    Kadatz, H.-J.: Seemanns Lexikon der Weltarchitektur. Leipzig 2000, S. 129.

## 1.2 Architektonische Programmatik des Jugendstils

Das hauptsächliche Ziel der Jugendstilarchitektur bestand darin, eine vollständige Abkehr vom Historismus mit seiner oftmals sehr strengen Gestaltung einzelner Bauwerke zu erreichen. Die konsequente Ablehnung von historisch überlieferten Formbildern sollte letztendlich zur Auffindung eines modernen Stils der Gegenwart führen. Der Jugendstil verstand sich freilich nicht nur als zeitgemäße Kunstströmung, sondern repräsentierte darüber hinaus einen Gegenentwurf zur Abgehobenheit der bildenden Kunst, wie sie insbesondere in den vorangegangenen Jahrhunderten entstanden war.[5]

Rein äußerlich zeichnete sich der Jugendstil durch die oftmalige Verwendung geschwungener Linien aus, welche die schnurgeraden, nach strengen Richtlinien gestalteten Dekorelemente des Historismus konterkarieren sollten. Als weiteres unübersehbares Merkmal der Kunstströmung galt das flächenhafte florale Ornament, das oftmals ganze Gebäudefassaden zierte und dem Baukörper damit einen hohen Grad an architektonischer Individualität verlieh. Der im Zusammenhang mit dem Jugendstil stehenden Baukunst war es ein besonderes Anliegen, auf jegliche Form der Symmetrie zu verzichten, da diese insbesondere in der Gründerzeit zu einem Haupterkennungsmerkmal avanciert war.

Der Jugendstil suchte nicht nur nach neuen Formen der Gestaltung, sondern galt auch in Bezug auf die Verwendung von Baumaterialien als zum Teil besonders innovativ. So fanden unter anderem Eisen, Stahl und Glas ihren vermehrten Eingang in die Gebäudearchitektur, wobei man auf die Mischung verschiedener Werkstoffe besonderen Wert legte. Auch herkömmlicher Sandstein wurde häufig für den Häuserbau genutzt, da er sich einerseits durch seine hohe Widerstandsfähigkeit auszeichnete, andererseits aber sehr gut bearbeitbar war. Insgesamt sollten die verwen-

---

[5] Zur Jugendstilarchitektur siehe z. B.: Russel, F.: Architektur des Jugendstils. Die Überwindung des Historismus in Europa und Nordamerika. Stuttgart 1982; Hajos, G.: Gartenarchitektur des Jugendstils und der Zwischenkriegszeit. In: Die Gartenkunst 7 (1995), S. 177-181; Lieb, S.: Was ist Jugendstil? Eine Analyse der Jugendstilarchitektur 1890–1910. Darmstadt 2000; Guth, P./Sikora, B.: Jugendstil & Werkkunst. Architektur um 1900 in Leipzig. Leipzig 2005; Neumann-Adrian, E./Neumann-Adrian, M.: Münchens Lust am Jugendstil. Häuser und Menschen um 1900. München 2006; Hamm, S./Kübler, S. (Hrsg.): Bauen für ein neues Leben. Die Entstehung der Bad Nauheimer Jugendstilanlagen, fotografiert von Albert Schmidt, 1905–1911. Stuttgart 2007; Breuste, J.: Jugendstil in Salzburg. Salzburg/Wien 2013.

deten Materialen für eine erhöhte Stabilität der Baustruktur sorgen, wodurch deren möglichst nachhaltige Nutzung garantiert war.

Zu den wesentlichen Grundgedanken des Jugendstilarchitekten zählte die Auffassung des Bauwerks als ganze Einheit. Der Betrachter sollte die Möglichkeit vorfinden, bereits von außen auf Basis des Grundrisses den inneren Aufbau des Gebäudes zu erkennen. Zur architektonischen Programmatik des Jugendstils gehörte zudem die Forderung nach Funktionalität; die Funktionen eines Baukörpers sollten sichtbaren Einfluss auf dessen Gestaltung nehmen. Dabei mussten die Fassaden nicht mehr länger symmetrisch sein und einer im Historismus so hochgepriesenen axialen Aufteilung folgen. Vielmehr konnten sie zur Nachzeichnung einer aus dem Grundriss entwickelten Raumvorstellung dienen. Die mit dem Jugendstil assoziierte Architektur verfolgte zuletzt auch noch das Ziel einer möglichst perfekten Integration des Bauwerks in die Umgebung. Befand sich der Baukörper in der freien Natur, so hatte er mit dieser in möglichst hohem Maße zu harmonieren, was vor allem durch eine Beschränkung auf das Wesentliche und den Verzicht auf übermäßige Dekoration der Fassaden erreicht wurde. Schlussendlich war man nach der Definition eines „modernen" Stils, eines „Stils aus der eigenen Zeit" bestrebt.

Der Jugendstil galt in Europa keineswegs als einheitlich Strömung, sondern zeichnete sich durch etliche Divergenzen aus. Während österreichische Architekten rund um Joseph Maria Olbrich auf eher schlichte Gestaltungen der Gebäude setzten, entwickelte Antonio Gaudí in seinen Bauprojekten ein zunehmend verspieltes Design. Mit dem Jugendstil verbanden sich unzählige Manifeste und künstlerische Programme. Die Strömung stand zudem für große gesamtkünstlerische Gestaltungen, bei denen von der Außenhülle des Bauwerks bis zur Innenausstattung ein einheitliches Design zur Anwendung gebracht wurde. Als Paradebeispiel für ein derart durchgeplantes Objekt kann sicherlich das Palais Stoclet in Brüssel gelten, welches zwischen 1905 und 1911 im Stil der Wiener Secession errichtet wurde (Abb. 1.1).[6]

Mit der gesamtheitlichen Konzeption von Bauwerken kam man letztendlich der Forderung nach einer gezielten Verschmelzung von Kunst und Leben nach. Die Kunst wurde in das Alltagsleben miteinbezogen, indem

---

[6]   Ankwicz von Kleehoven, H.: Josef Hoffmann. Das Palais Stoclet in Brüssel. Ein richtungsweisendes Meisterwerk österreichischer Baukunst und Innenausstattung. In: Alte und Moderne Kunst 6 (1961), S. 7-11.

Gebrauchsgegenstände einer umfassenden Neugestaltung unterzogen wurden. Hierbei wurde freilich der dekorativen Schöpfung eine besondere Rolle zugedacht. Mit dem Paradigma des „Gesamtkunstwerks" knüpfte der Jugendstil jedoch an den Historismus an, der sich dieser Programmatik schon Jahrzehnte zuvor verschrieben hatte.

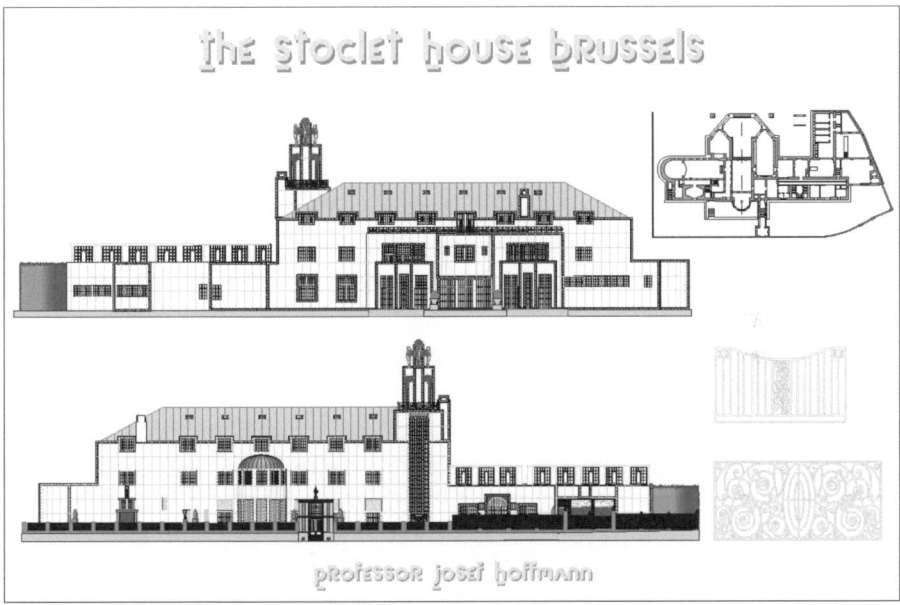

**Abb. 1.1**
*Planskizzen des Palais Stoclet, welches im Zeitraum zwischen 1905 und 1911 in der belgischen Hauptstadt Brüssel entstanden war. Dieses sowohl von außen als auch von innen als bauliche Einheit aufzufassen Objekt wurde vom Wiener Professor Josef Hoffmann konzipiert und folgt der Formensprache des Wiener Secessionsstils.*

## 1.3 Eingang des Jugendstils in die Wirtschaftsarchitektur

Einzelne Vertreter des Jugendstils standen der Industrialisierung zunächst eher kritisch gegenüber. Die als Symbol des wirtschaftlichen Aufstiegs geltende Fabrik wurde in der Zeit des Historismus oftmals in Form monumentaler Bauten mit starkem Repräsentationscharakter („Industrieschlösser") gestaltet. Nach allgemeiner Auffassung zahlreicher Jugendstilkünstler stand die industrielle Revolution, welche in Großbritannien ihren Ursprung genommen hatte, in Verbindung mit der maschinellen Produktion von Massenware. Viele dieser mit Verzierungen überladenen Industrieartikel landeten in den bürgerlichen Häusern, wo sie einen von jeglicher Individualität entsagten Kunststil repräsentierten.

Als Gegenströmung zu den Industrieschlössern mit ihrer oftmals protzigen Fassadengestaltung entstanden vor allem zu Beginn des 20. Jahrhunderts Jugendstilbauten mit unterschiedlicher wirtschaftlicher Verwendung. Bei diesen Bauwerken ging es in der Regel weniger darum, nach außen auf den Betrachter zu wirken; vielmehr versuchte man jene durch die zunehmende Industrialisierung hervorgerufenen Probleme und Aufgabenstellung (z. B. optimale Gestaltung der Werkshalle, Erreichung höchstmöglicher Funktionalität) mithilfe der modernen Baukunst in die Realität umzusetzen. Diese den individuellen Bedürfnissen angepasste Architektur kann sicherlich als eine der höchsten Errungenschaften des Jugendstils angesehen werden und erreichte in den 1920er Jahren durch die Aktivitäten von Werkbund und Bauhaus ihren Höhepunkt.

Um 1910 erreichte der mit Technikbauten assoziierte Jugendstil („technischer Jugendstil") in der Habsburgermonarchie seine Blütezeit, wobei neben der eigentlichen Jugendstilfabrik auch zahlreiche andere Wirtschaftsbauten in der Formensprache dieser als fortschrittlich geltenden Kunstströmung gestaltet wurden. Besonders starke Verbreitung erzielte die Jugendstilarchitektur im vorkriegszeitlichen Kraftwerks- und Brückenbau, aber auch einzelne Bestandteile größerer Produktionsanlagen (z. B. Verwaltungs- und Lagergebäude) waren nach modernen, funktionsbetonten Prinzipien konzipiert. Obwohl der Jugendstil eine durchaus beachtliche Verbreitung in der österreichischen Wirtschaftsarchitektur gefunden hatte, blieb er dennoch zahlenmäßig sehr deutlich hinter der Gründerzeitarchitektur zurück. Dies mag vor allem darauf zurückzuführen sein, dass der modernen Kunstströmung nur ein zeitlich sehr begrenztes Dasein beschieden war; noch ehe sie sich in der heimischen Architektur richtig etablieren konnte, galt sie schon wieder als überholt und bedurfte einer Ablösung durch neuere Stilrichtungen.

Auch in Deutschland vermochte sich das Konzept der einheitlich gestalteten Jugendstilfabrik in manchen Städten durchzusetzen. Dabei entstanden teils sehr große funktionell gestaltete Bauensembles, welche sich aus zahlreichen Gebäudetrakten mit unterschiedlichen Formen und Ornamenten zusammensetzten. Als Paradebeispiel für die in der Jugendstilarchitektur konzipierte Fabrikanlage kann die ehemalige Papierverarbeitung in

Aschersleben (Sachsen-Anhalt) bewertet werden, welche auf die industrielle Produktion von Papierverpackungen, Briefumschlägen und Tüten spezialisiert war. Das Unternehmen wurde im Jahre 1861 von H. C. Bestehorn gegründet und wenig später auf maschinelle Produktion umgerüstet, wodurch sich eine Steigerung des Papierwarenausstoßes auf das Zehnfache erzielen ließ.[7] Die weithin sichtbare Jugendstilfabrik, welche von der ansässigen Bevölkerung auch als Heckner-Riese bezeichnet wurde, entstand im Jahre 1911 und bestach durch ihre teils eigenwillige Architektur mit enger Aneinanderreihung der einzelnen Werkstrakte (Abb. 1.2). Nachdem das Unternehmen 1945 durch die sowjetische Besatzungsmacht enteignet worden war, kam es einige Jahre später zur Gründung der VEB Optima, des größten Verpackungsmittelproduzenten in der DDR.

**Abb. 1.2**
*Ehemalige Fabrikanlage im deutschen Aschersleben, welche in der Formensprache des Jugendstils konzipiert wurde und durch ihren Turm, die mehrgeschossige Produktionshalle mit markantem Mittelrisalit und das sogenannte Dreibogenhaus (rechts) charakterisiert ist. Nach 1949 zog der VEB Optima in die Anlage ein, der daraufhin zum führenden Betrieb der Verpackungsmittelindustrie in der DDR avancierte.*

---

[7]    Drosihn, F. C.: Aschersleben im 19. Jahrhundert. Aschersleben 1900 (Nachdruck: Naumburg 2000).

## 1.4 Ziele der vorliegenden Monografie

Im Vorwort wurde bereits darauf hingewiesen, dass die Jugendstilarchitektur Österreichs bislang nur durch wenige Publikationen erfasst wurde, welche jedoch mit ihren Ausführungen auf gewisse Städte oder Regionen beschränkt bleiben. So sehr diese Werke auch zu einem modernen Verständnis des Jugendstils als innovative Kunstströmung der unmittelbaren Vorkriegszeit beizutragen vermögen, so deutlich belegen sie auch den Umstand, dass die Jugendstilforschung in Österreich noch lange nicht ihr Ende erreicht hat und sich mit zahlreichen weiterhin offenen Fragen beschäftigen muss. Dazu zählen mit Sicherheit die Wechselbeziehung zwischen der Kunstströmung und der Wirtschafts- beziehungsweise Industriearchitektur und die Entwicklung, welche diese zunächst eher unlogisch erscheinende Verbindung in der alten Donaumonarchie durchlief.

Das vorliegende Buch unternimmt den Versuch, einen Überblick zur vom Jugendstil geprägten Wirtschaftsarchitektur innerhalb der Grenzen des heutigen Österreich zu liefern. Dabei soll unter anderem demonstriert werden, dass sich nicht nur im Wiener Raum mit seiner übergeordneten Bedeutung als Zentrum des Secessionsstils ein zeitgemäßer Fabrikbau etablieren konnte, sondern auch weit abseits der Bundeshauptstadt – etwa in Salzburg, Kärnten und Vorarlberg – entsprechende Baustrukturen entstanden. Gerade die Vorarlberger Industrie räumte dem Jugendstil eine gewisse Entfaltungsmöglichkeit ein und galt auch als Betätigungsfeld für jene Architekten, welche an den neuen Gestaltungsmöglichkeiten und der Betonung von baulicher Funktionalität erhöhten Gefallen fanden.

Neben dem regionalen Aspekt wird auch noch der Frage nachgegangen, in welchen Bereichen der Wirtschaftsarchitektur der Jugendstil überhaupt Fuß fassen konnte. Hier werden im Allgemeinen vier Zielgruppen unterschieden: die klassische Fabrikanlage mit ihren einzelnen baulichen Komponenten, der Kraftwerksbau mit seiner mehr als 130-jährigen Tradition, das Verkehrsbauwerk (Bahnhöfe, Remisen, Brücken usw.) und Kleinstrukturen, welche zumeist mit einem größeren Bauensemble assoziiert sind. Für jede dieser vier Zielgruppen sollen in den nachfolgenden Kapiteln mehrere Beispiele beschrieben werden, so dass sich letztendlich ein möglichst umfassendes Bild der wirtschaftlich genutzten Jugendstilarchitektur ergibt. Zuletzt wird die Bedeutung der dargestellten Objekte für die österreichische Industriearchäologie einer etwas umfangreicheren Diskussion unterzogen.

# KAPITEL 2

## Wasserkraftwerke
## des Jugendstils
## in Österreich

# Kapitel 2
## Wasserkraftwerke des Jugendstils in Österreich

## 2.1 Einleitung
### 2.1.1 Entwicklung der Hydroelektrizität in der Habsburgermonarchie

Als Pionier der Nutzung von Wasserkraft in Österreich kann zweifelsohne der Industrielle Josef Werndl angesehen werden, der in der Habsburgermonarchie als innovativer Waffenproduzent auftrat und die enorme Leistungsfähigkeit der Wasserkraft im Rahmen der industriellen Fertigung erkannte. Nachdem er den für die Beleuchtung seiner Fabrikhallen benötigten elektrischen Strom in den frühen 1880er Jahren noch unter Zuhilfenahme einer Dampfmaschine und eines daran gekoppelten Gleichstromgenerators gewonnen hatte, ließ er wenig später eine hydroelektrische Anlage errichten, die sein gesamtes Werk mit Energie zu versorgen vermochte. In seiner Heimatstadt Steyr zeichnete er im Jahre 1883 für die Ausstattung der Straßen mit einer systematischen Beleuchtung verantwortlich, wobei der notwendige Strom zum Teil von einem mit Wasserrad betriebenen Dynamo herrührte. Den historischen Quellen zufolge gilt das oberösterreichische Industriezentrum als erste elektrisch beleuchtete Ortschaft der Welt.[8]

Die zum damaligen Zeitpunkt sehr fortschrittliche Denk- und Handlungsweise Josef Werndls hatte in der zweiten Hälfte der 1880er Jahre die Errichtung weiterer Wasserkraftwerke zur Folge. Im Jahre 1886 wurden entsprechende Anlagen in Scheibbs, Hallein und Innsbruck erbaut, und bereits ein Jahr später erfolgte die Verstromung der Wasserkraft in Salzburg und Bad Gastein.[9] Bis zum Ende des 19. Jahrhunderts gab es in der Habsburgermonarchie insgesamt 14 kommunale und 24 private Anlagen zur Erzeugung von elektrischem Strom auf Basis der Wasserkraft. Besonders erwähnenswerte Objekte entstanden dabei unter anderem in Bad Aussee (Baujahr 1891), Birchbaum (Baujahr 1892), Graz (Baujahr 1894) und Schladming (Baujahr 1897).[10]

---

[8]  Sterk, H.: Industriekultur in Österreich. Der Wandel in Architektur, Kunst und Gesellschaft im Fabrikszeitalter 1873-1918. Wien 1985, S. 35.

[9]  Ebd., S. 36.

[10]  Weber-Wille, V.: Architektur von Wasserkraftwerken in Österreich. Diss. Univ. Wien, Wien 2013, S. 16.

Die Anfangszeit der österreichischen Stromerzeugung war durch teils signifikante Probleme hinsichtlich des Elektrizitätstransports gekennzeichnet. Der in den meisten hydroelektrischen Anlagen produzierte Gleichstrom ließ sich nur über geringe Distanzen transferieren, wobei ein hohes Maß an Energie in den Leitungen in Ohm'sche Wärme umgewandelt wurde. Erst durch den Münchner Ingenieur und Erfinder Oskar von Miller gelangte Anfang der 1890er Jahre ein neues Transportkonzept zur Realisation, welches auf der Fernübertragung von hochtransformiertem Wechselstrom basierte. Der auf 20.000 Volt hochgespannte Strom ließ sich relativ mühelos über Entfernungen von mehreren hundert Kilometern verfrachten, wodurch das Energiesystem in ganz Europa seinen Durchbruch erlebte.[11]

Oskar von Miller machte sich freilich nicht nur auf dem Gebiet des elektrischen Energietransfers verdient, sondern brachte sich an der Wende vom 19. zum 20. Jahrhundert auch in den österreichischen Kraftwerksbau ein. So stellte er unter anderem sein Know-how beim Bau des Brennerwerks im Tiroler Wipptal zur Verfügung, welches mit seiner Leistung von 2.570 Kilowatt sowohl die Talgemeinden als auch die Wipptal- und Stubaitalbahn mit Strom zu versorgen vermochte.[12] Im Zeitraum zwischen 1900 und 1914 entstanden in Ost- und Westösterreich zahlreiche Wasserkraftwerke, die in erster Linie zur Stromversorgung der elektrischen Beleuchtung und verschiedener ökonomisch relevanter Eisenbahnlinien dienten. In diesem Zusammenhang besonders erwähnenswert sind die Anlagen in Rain/Gurk (erbaut zwischen 1900 und 1902), Bruck/Mur (erbaut zwischen 1902 und 1904), Andelsbuch (erbaut zwischen 1906 und 1908), Peggau-Deutschfeistritz (erbaut zwischen 1906 und 1908), Steyrdurchbruch (erbaut 1907/08), Steeg (erbaut zwischen 1909 und 1911) und Bad Gastein (Baujahr 1914).[13]

Trotzdem die Wasserkraft in Österreich vor Ausbruch des Ersten Weltkrieges ihre weitgehende Etablierung erfahren hatte, blieb man hinsichtlich der flächendeckenden Stromversorgung des Landes weit hinter Deutschland zurück, welches im Wilhelminischen Zeitalter einen außeror-

---

[11]   Nockher, L.: Oskar von Miller. Der Gründer des Deutschen Museums von Meisterwerken der Naturwissenschaft und Technik. Stuttgart 1953, S. 40.

[12]   Steiner, R.: Die Energiewirtschaft Tirols. In: Österreichische Zeitschrift für Elektrizitätswirtschaft (ÖZE) 3/10 (1950), S. 294-299, hier: S. 294.

[13]   Weber-Wille, Architektur von Wasserkraftwerken in Österreich (Anm. 10), S. 18.

dentlichen Innovationsgeist entwickelte und seine Industrialisierung in großen Schritten vorantrieb.[14] Die gezielte Distribution der elektrischen Energie scheiterte in der Habsburgermonarchie nicht zuletzt auch am föderalistischen Steuersystem. Von staatlicher Seite verordnete Steueranreize für Kraftwerksbetreiber wurden dabei teilweise durch regionale Abgabeerhöhungen überkompensiert.[15] Die steuerliche Problematik wurde noch durch befristete Wasserrechtskonzessionen, teils enorme, auf den Anlagen lastende Abgaben sowie das generelle Fehlen eines Elektrizitätswirtschaftsgesetzes ergänzt, was letztendlich eine deutliche Abschreckung für private Investoren bedeutete.[16]

Zwischen dem Ausbruch des Ersten Weltkriegs und dem endgültigen Zerfall der Habsburgermonarchie gelangte der Bau hydroelektrischer Anlagen zum weitgehenden Stillstand. Geld und Arbeitskraft flossen in dieser Phase zur Gänze in die Kriegsproduktion und militärische Entwicklung ein, welche jeweils unabhängig von der elektrischen Energie zu operieren vermochten und weiterhin auf die altbewährte Dampfkraft setzten. Die wenigen in diesem Zeitraum datierenden Neubauten von Wasserkraftwerken wurden unter Heranziehung von Kriegsgefangenen und Zwangsarbeitern realisiert.[17] Die auf dem erneuerbaren Energieträger der Wasserkraft gründenden Anlagen liefen während der Kriegszeit großteils störungsfrei und galten demzufolge als zuverlässige Stromlieferanten. Die mit Kohle betriebenen Dampfkraftwerke mussten hingegen zeitweilig aus Ermangelung an entsprechenden Ressourcen abgeschaltet werden.[18]

Nach dem Zerfall der Donaumonarchie lag das Land in Trümmern und durchlief eine Phase der ökonomischen Neuorientierung. Die zwischen 1919 und 1938 neu entstandenen Wasserkraftwerke wurden gemeinsam mit den älteren Strukturen in Verbundnetze eingegliedert, wodurch der Startschuss für die moderne Stromindustrie erfolgte.

---

[14]  Hufschmied, R.: „Weißes Gold" in der Donaumonarchie. In: Rathkolb, O./Hufschmied, R./Kuchler, A./Leidinger, H.: Wasserkraft. Elektrizität. Gesellschaft. Kraftwerksprojekte ab 1880 im Spannungsfeld. Wien 2012, S. 45.

[15]  Niederösterreichische Elektrizitätswirtschafts-AG (Hrsg.): „NEWAG". Wien 1928, S. 4.

[16]  Hufschmied, „Weißes Gold" (Anm. 14), S. 49 ff..; Weber-Wille, Architektur von Wasserkraftwerken in Österreich (Anm. 10), S. 20.

[17]  Hufschmied, „Weißes Gold" (Anm. 14), S. 62.

[18]  Schreiber, H.: Wasser und Krieg. In: Die Wasserwirtschaft 7/12 (1914), S. 417-422, hier: S. 417.

## 2.1.2 Architektur früher Wasserkraftanlagen

Die Wasserkraftwerke der ausgehenden Habsburgermonarchie hatten nicht nur den Zweck der möglichst effizienten Gewinnung von elektrischem Strom, sondern besaßen gemeinsam mit den anderen Industriebauten einen ausgeprägten repräsentativen Charakter. Anhand der Architektur einzelner Anlagen sollten sowohl die Innovationskraft als auch das finanzielle Vermögen des jeweiligen Betreibers zum Ausdruck gebracht werden. Friedrich Achleitner stellte dazu treffend fest:

> „Die Bauaufgabe Kraftwerk ist wie andere Industriebauten ein Bereich kultureller Selbstbehauptung technischer Entwicklungen, die sich vor allem in der Einkleidung oder Verkleidung maschineller Anlagen abspielte, je nach Lage und Bedeutung mehr oder weniger vordergründig oder bewusst, jedoch immer in ein gesellschaftliches Rollspiel gedrängt und die errungene Stellung in ihr widerspiegelnd."[19]

Die meisten an der Wende vom 19. zum 20. Jahrhundert entstandenen Wasserkraftwerke wurden im Stil des späten Historismus errichtet und nahmen Bauwerkstypen wie das Schloss, die Landvilla oder die englische Werks- und Industriearchitektur in ihr Formenrepertoire auf. Derartige frühe Anlagen zeichneten sich in der Regel durch ihre dominante optische Wirkung nach außen und das weitgehende Fehlen jeglicher Funktionalität ihrer Hülle aus, weil zu diesem Zeitpunkt noch keine eigenständige Wasserkraftwerksarchitektur manifestiert war.[20] Eine im Stil der klassizistischen Landvilla konzipierte Anlage befindet sich im kärntnerischen Rain/Gurk. Dieses von den Stadtwerken Klagenfurt betriebene Objekt verfügt über ein Krafthaus mit zentralem, von einem Dreiecksgiebel bekröntem Risalit und vier großen Bogenfenstern, die für eine Ausleuchtung der Maschinenhalle und Längsgliederung des Gebäudes sorgen. Das links neben dem Hauptbau platzierte Trafohaus zeichnet sich durch seine ras-

---

[19]  Achleitner, F.: Zur Architektur von Kraftwerken. In: Künstlerhaus (Hrsg.): Lichtjahre. 100 Jahre Strom in Österreich. Katalog zur Ausstellung im Auftrag der Österreichischen Elektrizitätswirtschaft und der Gesellschaft Bildender Künstler Österreichs im Wiener Künstlerhaus vom 2. Juni bis 31. August 1986. Wien 1986, S. 213-235, hier: S. 213.

[20]  Weber-Wille, Architektur von Wasserkraftwerken in Österreich (Anm. 10), S. 65.

**23**

terförmig angeordneten Fenster aus, welche nach oben hin durch einen Rundbogen und einen Sprenggiebel ihre kunstvolle Abgrenzung erfahren (Abb. 2.1).[21]

**Abb. 2.1**
*Kraftwerk Rain/Gurk (erbaut zwischen 1900 und 1902) mit typischer Architektur im Stil einer klassizistischen Landvilla.*

Bereits vor dem Ausbruch des Ersten Weltkrieges flossen vereinzelte konstruktivistische Tendenzen in die Kraftwerksplanung ein. Gemäß einer von Antonio Sant'Elia durchgeführten Studie sollte die hydroelektrische Anlage durch ein hohes Maß an Funktionalität gekennzeichnet sein, welche unter anderem durch die systematische Anordnung der einzelnen Bauelemente gewährleistet würde. Diese – wenn man so will – künstlerische Auseinandersetzung mit dem Thema Kraftwerk löste letztlich eine Dynamik aus, die etwa in der russischen Revolutionsarchitektur ihren breiten Niederschlag fand und den Bau der großen Anlage in Dnjepropetrowsk maßgeblich beeinflusste.[22]

Der im Mittelpunkt dieser Monografie stehende Jugendstil fand in Österreich ebenfalls vermehrt seinen Eingang in den Bau von Wasserkraftwerken. Schon Otto Wagner war mit seinem „Schemerlwehr" am Nussdorfer Spitz eine meisterhafte Symbiose zwischen Jugendstil und Wasserbautechnik gelungen. Dieser Trend erreichte bei dem von Mauritz Balzarek konzipierten Kraftwerk Steyrdurchbruch zweifelsohne seinen Höhepunkt (Kapitel 2.2.2). Die im Jugendstil erbaute hydroelektrische Anlage zeichnet sich im Allgemeinen dadurch aus, dass ihre einzelnen baulichen Kom-

---

[21]  Weber-Wille, Architektur von Wasserkraftwerken in Österreich (Anm. 10), S. 65 f.
[22]  Achleitner, Architektur von Kraftwerken (Anm. 19), S. 213.

ponenten in enger Beziehung zueinander stehen und keine spezifischen optischen Dominanzen ausstrahlen, so dass das gesamte Ensemble im Blickfeld des Betrachters bleibt. Dem Architekten geht es insbesondere darum, technische Funktionalität auf der einen Seite und eindrucksvolle Visualisierung auf der anderen unter einen Hut zu bringen. Gemäß Friedrich Achleitner gilt dabei folgendes primäres Ziel:

> „Beherrschung und Ausbeutung der Naturkräfte werden in eine ästhetische Inszenierung verwandelt."[23]

In seiner ausklingenden Phase zeichnet sich dieser von Wagner und Balzarek etablierte technische Jugendstil vermehrt durch seine sehr klar definierten Strukturen und den zumeist eher sparsamen Dekor aus.[24]

Der auf den österreichischen Kraftwerksbau Einfluss nehmende technische Jugendstil ist durch eine relativ kurze Wirkungsphase charakterisiert. Während der oben genannte Historismus vom Beginn der 1880er Jahre bis zur Mitte der 1920er Jahre über verwertbare Präsenz verfügt, vermag sich die Jugendstilarchitektur lediglich in den ersten beiden Dekaden des 20. Jahrhunderts zu etablieren. Als Blütezeit dieser hauptsächlich auf den deutschsprachigen Raum beschränkten Stilistik kann der Zeitraum zwischen 1907 und 1914 bewertet werden, womit sie nur einen „Nadelstich" in der europäischen Kunst- und Technikgeschichte repräsentiert.[25]

Neben den bereits erwähnten Eigenarten der Verbindung von Technik und Ästhetik sowie der Erzeugung optimaler Visualisierungen zeichnet sich der technische Jugendstil noch zusätzlich durch die Verwendung neuer Bauelemente aus. So werden Eisen und Beton miteinander in Verbinndung gebracht, um möglichst hohe strukturelle Stabilität, wie sie etwa in der mit schweren Maschinen bestückten Kraftwerkshalle notwendig ist, zu gewährleisten. Der gezielte Einsatz von Eisenbetonrahmen verleiht der gesamten Struktur eine gewisse, der Stilistik Rechnung tragende Leichtigkeit. Das Innenleben der Anlagen wird in der Regel durch zahlreiche Eisenelemente bestimmt, die geschwungene Formen besitzen und zum Teil mit typischen floralen Zierelementen bestückt sind. Die Jugend-

---

[23] Achleitner, F.: Österreichische Architektur im 20. Jahrhundert. Band I: Oberösterreich, Salzburg, Tirol, Vorarlberg. Salzburg/Wien 1980, S. 90.

[24] Weber-Wille, Architektur von Wasserkraftwerken in Österreich (Anm. 10), S. 67.

[25] Ebd., S. 69.

stilfassade zeigt oftmals eine durch Rillenputz erzeugte Gliederung und weist zudem starke Lisenen- und Gesimsausbildung auf. Diese noch auf die Gründerzeit hindeutenden Elemente werden mitunter durch Bögen mit angedeuteten Schlusssteinen ergänzt.[26] Als innovative Komponenten treten hauptsächlich Zierfelder mit charakteristischen Jugendstilornamenten auf. Auch halbrunde, apsidenartige Gebäudeelemente können auftreten und somit bis zu einem gewissen Grad bereits in die Moderne überleiten.

## 2.2 Bedeutende Jugendstilkraftwerke in Österreich

Wie anhand der nachstehenden Tabelle 2.1 klar ersichtlich ist, hat der technische Jugendstil einen beachtlichen Eingang in die Kraftwerksarchitektur der ausgehenden Habsburgermonarchie gefunden. Insgesamt gibt es in Österreich sechs hydroelektrische Anlagen, welche entweder vollständig den Kriterien des Jugendstils gehorchen oder einzelne Elemente dieser Stilrichtung beherbergen. Mit Ausnahme des Kraftwerks am Wasserfall in Bad Gastein stehen alle Objekte nach wie vor in Betrieb und dienen zur Abdeckung von Grund- oder Spitzenlasten. Bei den Anlagen in Wiener-

| Kraftwerk | Baujahr(e) | Bundesland | Betreiber |
|---|---|---|---|
| Wienerbruck | 1908-1911 | Niederösterreich | EVN Naturkraft |
| Steyrdurchbruch | 1907-1908 | Oberösterreich | Energie AG |
| Steeg | 1909-1911 | Oberösterreich | Energie AG |
| Bad Gastein - Am Wasserfall | 1914 | Salzburg | außer Betrieb |
| Andelsbuch | 1905-1908 | Vorarlberg | VKW |
| Peggau-Deutschfeistritz | 1906-1908 | Steiermark | VERBUND Austrian Hydro Power AG |

**Tab. 2.1**
*Historische Kraftwerksanlagen in Österreich, welche entweder zur Gänze im Jugendstil konzipiert sind oder einzelne dieser Stilepoche zuzuordnende Elemente aufweisen.*

---

[26]   Weber-Wille, Architektur von Wasserkraftwerken in Österreich (Anm. 10), S. 67.

bruck und Andelsbuch handelt es sich jeweils um Speicherkraftwerke, während die übrigen Energieproduktionsstätten Laufkraftwerke repräsentieren. Die oben aufgelisteten Werke sollen in weiterer Folge zur näheren Beschreibung gelangen, wobei neben einem kurzen historischen Abriss insbesondere die für die einzelnen Baukomplexe kennzeichnende Architektur und Technikausstattung ihre gebührende Erwähnung finden sollen.

### 2.2.1 Das Speicherkraftwerk in Wienerbruck
### ■ Kurzer historischer Überblick ■

Zu Beginn des 20. Jahrhunderts erwog man die Elektrifizierung der von St. Pölten nach Gußwerk führenden Mariazellerbahn. Zur Umsetzung dieses Vorhabens sollte die in den nahegelegenen Flüssen Lassing und Erlauf gespeicherte Wasserkraft einer entsprechenden technischen Nutzung unterzogen werden. Im Jahre 1906 wurden beide Gewässer mithilfe eines Dammes zu einem kleinen Speichersee aufgestaut. Das durch den Stau- und Ableitungsprozess entstehende Triebwasser sollte in einem 165 Meter tiefer gelegenen Krafthaus bei Wienerbruck zur Erzeugung von elektrischer Energie dienen. Der Baubeginn der hydroelektrischen Anlage datiert in das Jahr 1908, wobei für die vorausgehende Projektplanung Eduard Engelmann sowie die beiden Ingenieure Adolf Wenzelburger und Rudolf Elmayer-Vestenbrugg verantwortlich zeichneten. Die architektonische Gestaltung des Krafthauses fiel hingegen in den Zuständigkeitsbereich von Alfred Kinsky.[27]

Die Bauarbeiten gestalteten sich aufgrund der Lage des Kraftwerks in einem weit abgelegenen und tief eingeschnittenen Tal zum Teil sehr schwierig. Durch das Fehlen einer zur Baustelle führenden Straße bestand die Notwendigkeit, die Maschinenteile in Transportkisten zu verpacken, mit der Mariazellerbahn bis zum Nordportal des Kienbachtunnels zu verfrachten und schließlich über den sogenannten „Bremsweg" zu ihrem Zielort zu transferieren.[28]

Am 21. November 1910 wurde in der Anlage der Probebetrieb zur Auslotung der maschinellen Leistung und technischen Belastung aufgenommen. Wenig später wurden die im Krafthaus installierten Maschinensätze auf Dauerbetrieb gestellt. Die maschinelle Erstausstattung der Anlage

---

[27]   Woltron, U.: Die kleinen Wasserkraftwerke der EVN. Dipl.-Arb. TU Wien, Wien 1992, S. 9; EVN (Hrsg.): Energie. 75 Jahre EVN. Zur Technik- und Kulturgeschichte. Ausstellungskatalog. EVN, St. Pölten 1997, S. 18-19.

[28]   Weber-Wille, Architektur von Wasserkraftwerken in Österreich (Anm. 10), S. 161 f.

umfasste fünf Pelton-Turbinen mit einer Gesamtleistung von 5.128,5 PS. Die Schaufelräder waren mit Synchron-Generatoren verbunden, welche eine Spannung von 6,5 Kilovolt erzeugten. Noch in ihrem Eröffnungsjahr wurde die Anlage mit dem Dieselkraftwerk in St. Pölten zusammenge- schaltet. Zwischen 1925 und der Mitte der 1990er Jahre wurden etliche Umbau- und Modernisierungsmaßnahmen durchgeführt, welche auch in Zukunft die vollständige Funktionsfähigkeit des Werks garantieren.

■ <u>Architektur des Kraftwerksensembles</u> ■
Die hydroelektrische Anlage Wienerbruck setzt sich aus dem Speicher Wienerbruck, dem Erlaufstausee und dem Krafthaus am Ötscherbach zu- sammen. Das Gebäudeensemble selbst besteht aus der parallel zum Hang angeordneten Maschinenhalle und der direkt daran anschließen- den Transformator- beziehungsweise Schaltstation, welche durch ihr aus- geprägtes Mansarddach sofort ins Auge fällt. Den nordöstlichen Ab- schluss der Anlage bildet das ebenfalls mit einem Mansarddach ausge- stattete Betriebsgebäude, wohingegen im Süden ein den Angestellten vorbehaltenes Werkswohnhaus positioniert ist (Abb. 2.2). Ganz im Sinne des Jugendstils fügt sich der Baukörper mit größtmöglicher Harmonie in die schroffe Landschaft ein, wobei die Fassaden in Bezug auf ihre Ge- staltung zwischen grobem Bruchsteinmauerwerk und glatt verputzten Flächen mit kunstvoll ausgearbeiteten Stuckornamenten variieren. Wäh- rend die Vorderfront des Schalthauses über vier deutlich hervorgehobene Fensterfelder verfügt, welche mit rechteckigen Fenstern bestückt sind,

**Abb. 2.2**
*Speicherkraftwerk Wie- nerbruck mit seiner im Ju- gendstil dekorierten Au- ßenfassade und der funk- tionell gestalteten Ma- schinenhalle. Im Vorder- grund sind Trafostation und Betriebsgebäude er- kennbar.*

weist die Maschinenhalle Segmentbogenfenster auf, die hangseitig eine Unterteilung mithilfe von Eisensprossen erfahren. An der Südwestseite des Baukomplexes befindet sich ein Einfahrtstor, welches den Vorplatz mit der Maschinenhalle verbindet. Die visuelle Wirkung des gesamten Ensembles wird auch durch die beiden im Hintergrund positionierten Druckrohre mitbestimmt; diese führen vom oberhalb gelegenen Wasserschloss über mehrere Festpunkte zum Krafthaus, wobei sie etliche Richtungsänderungen erfahren.[29]

Das Wasserkraftwerk Wienerbruck verfügt über zwei ebenfalls sehr funktionell gestaltete Sperrenbauten, welche sich aus Bruchstein und Beton zusammensetzen. Südlich der Sperre des Erlaufstausees liegt eine hinsichtlich ihrer Form eher ungewöhnliche Hochwasserentlastungsanlage vor. Das Gebäudeensemble mit Maschinenhalle, Trafostation und Betriebshaus zeichnet sich nicht nur durch seine architektonische, sondern auch durch seine farbliche Harmonie aus: Das graue Bruchsteinmauerwerk steht in sanftem Kontrast zu den hellgelb gefärbten, glatten Mauerflächen und den blaugrauen Dächern.

■ **Technische Ausstattung des Kraftwerks** ■

Um die technische Ausstattung der hydroelektrischen Anlage von Wienerbruck näher ergründen zu können, hat man einen Blick in die Maschinenhalle zu werfen (Abb. 2.3). Der in Kapitel 2.1 beschriebene technische Jugendstil *sensu* Otto Wagner und Mauritz Balzarek manifestiert sich hier auf mehrerlei Art und Weise: Zum einen überzeugt das Interieur des großen Raums durch seine schlichte Gestaltung, welche auf ein optimales Funktionieren der einzelnen maschinellen Komponenten abzielt. Zum anderen kann die Verwendung verschiedener Baumaterialien wie Stahl, Beton und Mauerwerk beobachtet werden, deren vornehmlicher Zweck in der Garantie höchstmöglicher struktureller Stabilität besteht. Die in der Halle enthaltenen Maschinensätze sind allesamt in der hangseitigen Raumhälfte positioniert, wodurch überflüssige Verlängerungen der Triebwasserstrecke vermieden werden können. Auf der gegenüberliegenden Seite befindet sich ein entlang eines schweren Stahlbalkens verlaufender, elektrisch betriebener Kran, welcher für den Austausch von Maschinenteilen oder die Umpositionierung einzelner technischer Komponenten genutzt werden kann.

---

[29]   Weber-Wille, Architektur von Wasserkraftwerken in Österreich (Anm. 10), S. 162 f.

**Abb. 2.3**
*Blick in die Maschinen-
halle des Kraftwerks Wie-
nerbruck. Die Verwen-
dung unterschiedlicher
Materialien (Stahl, Beton,
Ziegelwerk) stellt eine
Kernforderung des tech-
nischen Jugendstils dar.*

Gegenwärtig beinhaltet die Maschinenhalle des Kraftwerks vier Maschinensätze mit horizontal orientierten Wellen. Bei den ersten drei Maschinensätzen wurden zweidüsige Pelton-Turbinen verbaut, welche über eine
Leistung von 2.100 kW (Turbine 1) beziehungsweise 990 kW (Turbine 2
und 3) verfügen. Der vierte Maschinensatz hat hingegen eine Francis-Turbine mit einer Leistung von 1.050 kW inkludiert. Die ersten beiden Turbinen werden mit dem aus den Lassing-Druckrohrleitungen stammenden
Triebwasser versorgt, wohingegen die beiden übrigen Schaufelräder ihre
Hydroenergie aus den Erlauf-Druckrohrleitungen beziehen. Die mit den
äußeren Maschinen 1 und 4 gekoppelten Generatoren produzieren Dreh-
strom mit einer Frequenz von 50 Hertz, welcher in das Netz der EVN ge-
speist wird. Die mittleren Maschinen fungieren als Ersatzanlagen für die
Stromversorgung der Mariazellerbahn und liefern Einphasen-Drehstrom
mit einer Frequenz von lediglich 25 Hertz.[30]

### ■ Industriearchäologische Wertanalyse ■

Wie bereits an anderer Stelle angedeutet wurde, fügt sich das bauliche
Ensemble des Speicherkraftwerks Wienerbruck exzellent in die von der
Natur vorgegebene Geomorphologie ein, wodurch eine der Hauptfor-
derungen des technischen Jugendstils, welcher in Österreich um 1910
seine weiteste Verbreitung fand, zur Erfüllung gelangt. Die das Objekt

---

[30]   Weber-Wille, Architektur von Wasserkraftwerken in Österreich (Anm. 10), S. 164.

kennzeichnende hohe Funktionalität wird durch die raumsparende Anordnung einzelner struktureller Komponenten, aber auch durch die recht sparsame Konzeption der Maschinenhalle mit ihren in Reih und Glied angeordneten Turbinen-Generator-Sätzen zum Ausdruck gebracht. Die Verwendung mehrerer unterschiedlicher Baumaterialien verleiht der Struktur eine erhöhte Stabilität und stellt eine weitere Leitlinie des Jugendstils dar. Das Kraftwerk Wienerbruck steht nach wie vor in Betrieb und repräsentiert auch gegenwärtig noch eine wichtige Stütze für die regionale Energieversorgung.

### 2.2.2 Das Kraftwerk Steyrdurchbruch
■ Kurzer historischer Überblick ■

Eine erste Idee für die Errichtung des an der Kirchdorfer Straße in Molln gelegenen Kraftwerks geht auf den Wiener Ingenieur N. Vargason zurück, der sich bereits im Jahre 1904 die Wassernutzungsrechte für den Bereich Steyrdurchbruch zu sichern vermochte. Da sich Vargason letztlich nicht zur Durchführung des Bauprojektes im Stande sah, ging jenes an die Kirchdorfer Zementwerke Hofmann und Compagnie über. Das Unternehmen konnte den renommierten Architekten Mauritz Balzarek, einen Schüler Otto Wagners, für die Gestaltung der Hochbauten gewinnen, wohingegen die Ausführung des Vorhabens in die Hände des Grazer Betriebes A. Buss und Co übergeben wurde.[31] Die Bauarbeiten an der Anlage starteten im April 1907, wobei ein Jahr später bereits ein Großteil des Komplexes fertiggestellt war (Abb. 2.4).

Ein nicht unwesentliches technisches Problem lag in dem Umstand begründet, dass die Steyr zu Beginn des 20. Jahrhunderts noch für den Holztransport genutzt wurde.[32] Um weiterhin den reibungslosen Transport der Baumstämme gewährleisten zu können, musste eine eigene, diesem Material vorbehaltene Triftgasse konzipiert werden. Die erstmalige Inbetriebnahme der hydroelektrischen Anlage erfolgte schließlich im November 1908, wobei zunächst die Kirchdorfer Zementwerke als Hauptabnehmer des produzierten Stroms auftraten. Nach und nach wurden auch ein-

---

[31]  Energie AG Oberösterreich: Wasserkraftwerk Steyrdurchbruch. Energie AG Oberösterreich Kraftwerke AG, Linz 2015, S. 1-2; Weber-Wille, Architektur von Wasserkraftwerken in Österreich (Anm. 10), S. 193.

[32]  Girkinger, W./Heizmann, W.: Die Steyr. Landschaft und Menschen am Fluss. Steyr 1990, S. 141.

**Abb. 2.4**

*Baustelle des Wasserkraftwerks Steyrdurchbruch im Frühjahr 1908. Zu diesem Zeitpunkt waren schon die wesentlichen Komponenten der Anlage wie jenes im Zentrum der Fotografie erkennbare Krafthaus fertiggestellt.*

zelne nahegelegene Gemeinden an das Netzwerk angeschlossen. Ursprünglich verfügte das Kraftwerk lediglich über zwei Maschinensätze, welche in den Jahren 1924/25 durch einen dritten Turbinen-Generator-Komplex ergänzt wurden. In den späten 1930er Jahren kam es zu signifikanten Umbauarbeiten an der Wehranlage, welche die fortschreitende Verschlammung des Stauraums verhindern sollten. Nachdem Ende der 1940er Jahre die Holztrift zur vollständigen Einstellung gelangt war, wurde die Triftgasse ab dem Jahre 1972 für den Betrieb einer zusätzlichen Kaplan-Turbine herangezogen, womit sich die Anzahl der in der Anlage betriebenen Maschinensätze auf vier erhöhte. In den Jahren 1979/80 wurden die technischen Einrichtungen auf einen vollautomatischen beziehungsweise ferngesteuerten Betrieb umgestellt, und pünktlich zum 100. Geburtstag des Werks erfolgten umfangreiche Sanierungsarbeiten.[33]

---

[33] Weber-Wille, Architektur von Wasserkraftwerken in Österreich (Anm. 10), S. 194.

## ■ Architektur des Kraftwerksensembles ■

Die hydroelektrische Anlage im Süden des Bundeslandes Oberösterreich kann über die Steyrtal-Bundestraße B140 erreicht werden und befindet sich in einem engen Tal, dessen gesamte Breite von den einzelnen baulichen Komponenten eingenommen wird. Das halbkreisförmige Ensemble setzt sich aus einer 43 Meter breiten Wehranlage mit drei Feldern, dem östlich daran anschließenden Krafthaus, dem Oberwasserkanal und den noch weiter im Osten befindlichen Nebengebäuden zusammen. Eine imposante Bogenbrücke stellt die Verbindung zwischen den beiden Uferseiten dar und überspannt den sogenannten Unterwasserbereich des Kraftwerks (Abb. 2.5).

**Abb. 2.5**
*Halbkreisförmiges Bauensemble des Kraftwerks Steyrdurchbruch mit Brücke im Vordergrund und Maschinenhaus beziehungsweise Wehranlage im Hintergrund.*

Das den Mittelpunkt des Komplexes bildende Krafthaus weist eine reiche Gliederung auf: Das parallel zum Ufer verlaufende, zweigeschossige Maschinenhaus verfügt über ein einfaches Satteldach, während ein am Nordende positionierter Turmbau sogar drei Stockwerke sowie ein in seiner Formgebung etwas anspruchsvolleres Walmdach besitzt. Die Längsseite des Gebäudekomplexes zeichnet sich durch entlang von vier Achsen verlaufende, hochrechteckige Fenster aus, zwischen welchen kunstvoll gestaltete Wandpilaster verlaufen. Die Fensterreihen von erstem und zweitem Geschoss werden durch ein Kranzgesims voneinander getrennt, das gleichzeitig die vertikale Position des Hallenkrans markiert. Als besonders auffällig gilt das ebenfalls entlang der Längsseite verlaufende Traufgesims, welches im Bereich der Schleppgauben eine Aufwölbung erfährt. Der turmförmige Nebenbau enthält oberhalb des Traufgesimses die Aufschrift ELEKTRIZITÄTSWERK STEYRDURCHBRUCH HOFMANN & COMP. Die Querseite des Krafthauses ist sehr ähnlich wie dessen Längsseite gestaltet; lediglich die Unterteilung der Fenster zeigt einige Unterschiede (Abb. 2.6).

**Abb. 2.6**
*Hauptgebäude des Kraftwerks Steyrdurchbruch mit vier Fensterachsen und dazwischen verlaufenden Wandpilastern. Als architektonische Besonderheiten können das Kranz- und das Traufgesims bewertet werden.*

Im Inneren des Maschinenhauses eröffnet sich dem Betrachter eine sehr schlicht gestaltete, zweigeschossige Halle, welche in ihrem südlichen Teil drei Maschinensätze mit alten Generatoren beherbergt, am Nordende hingegen eine erhöhte Plattform mit den originalen Schalttafeln aus Marmor aufweist. Im turmförmigen Trakt des Krafthauses sind einzelne Schalt- und Betriebsräume untergebracht (Abb. 2.7).[34]
Die Umbauarbeiten in den 1970er Jahren hatten die Errichtung eines zweiten Krafthauses nördlich der historischen Baustruktur zur Folge. Hier ist ein weiterer moderner Maschinensatz untergebracht, der mit eigenem

---

[34] Weber-Wille, Architektur von Wasserkraftwerken in Österreich (Anm. 10), S. 194.

**Abb. 2.7**
*Blick in das Innere der Maschinenhalle des Kraftwerks Steyrdurchbruch mit den alten Maschinensätzen und der historischen Schalttafel im Hintergrund. Die schlichte Innenraumgestaltung kann als Charakteristikum des technischen Jugendstils angesehen werden.*

Triebwasser versorgt wird. Bei dieser Neustruktur handelt es sich um einen funktionellen Sichtbetonbau, welcher sich durch seinen starken Bewuchs mit Kletterpflanzen vorzüglich in die umgebende Natur einzufügen vermag. Die moderne Anlage wurde in Tieflage neben dem Fundament der Werksbrücke positioniert und erreicht demzufolge nur eine geringfügige vertikale Ausdehnung. Das Gebäude verfügt über ein begehbares Flachdach und enthält in seinem Inneren einen modernen, mit einer Kaplan-Turbine gekoppelten Generator sowie die dazugehörigen Regel- und Steuereinrichtungen. Der Betrieb dieses Strom produzierenden Elements erfolgt vom historischen Betriebsgebäude aus, wodurch das neue Krafthaus in sehr Platz sparender Manier konzipiert werden konnte.[35]

Eine architektonische Eigentümlichkeit, welche im Rahmen dieser Monografie besonders hervorzuheben ist, repräsentiert sicherlich die den Fluss überspannende Werksbrücke, die durch ihre besonders schlanke, bogenförmige Konstruktion eine erhöhte Faszination auf den Betrachter auszu-

---

[35]    Weber-Wille, Architektur von Wasserkraftwerken in Österreich (Anm. 10), S. 194.

**Abb. 2.8**
*Werksbrücke des Kraftwerks Steyrdurchbruch mit ihren Elementen aus Beton und Stahl. Die geschwungenen Zierelemente auf der Spitze der Beleuchtungspfeiler folgen eindeutig der Formensprache des Jugendstils.*

üben vermag (Abb. 2.8). Dieses aus Beton und Stahl gefertigte Bauelement fällt durch die schlichte Gestaltung des Geländers, insbesondere jedoch durch die insgesamt vier an den Brückenköpfen positionierten Beleuchtungspfeiler auf. Diese massiven Betonelemente verfügen an ihrer Spitze jeweils über spiralförmig geschwungene Zierkomponenten, welche der Formensprache des Jugendstils folgen und sich dem Betrachter nicht mit jener Aufdringlichkeit einer klassizistischen Ornamentierung präsentieren. Die Brücke führt in östlicher Richtung über den ehemaligen Holztriftkanal, welcher heute nur noch zum Teil für den Betrieb der modernen Kaplan-Turbine genutzt wird.

■ <u>Technische Ausstattung des Kraftwerks</u> ■
Im alten Maschinenhaus sind drei Francis-Zwillingsturbinen verbaut, welche aus den Jahren 1908 beziehungsweise 1924 stammen und mit einer Gesamtleistung von 2.430 Kilowatt zu Buche schlagen. Die Schaufelräder

sind jeweils mit einem Drehstromsynchrongenerator verbunden. Die im modernen Krafthaus untergebrachte Kaplan-Turbine vermag eine Leistung von 1.605 Kilowatt zu erbringen und ist ebenfalls mit einem Drehstromsynchrongenerator neueren Baujahres gekoppelt. Die Gesamtleistung des Wasserkraftwerks Steyrdurchbruch beläuft sich auf etwa 4.100 Kilowatt, wobei die Jahreserzeugung an elektrischer Energie mit rund 20 Gigawattstunden angegeben werden kann. Die vom modernen Maschinensatz erzeugte Abwärme wird zur Beheizung des neuen Krafthauses und der historischen Anlage genutzt. Die Wehranlage verfügt über einen den modernen Bestimmungen entsprechenden Hochwasserschutz und einen Grundablass, mit dessen Hilfe eine Versclammung des Oberwasserbereichs vermieden werden soll. Der im Kraftwerk erzeugte elektrische Strom wird über eine Hochspannungsleitung mit 30 Kilovolt abgeführt und in das Netz der Energie AG Oberösterreich eingespeist.

### ■ Industriearchäologische Wertanalyse ■

Wie bereits weiter oben angeklungen ist, vermag sich das halbkreisförmige Bauensemble des Kraftwerks Steyrdurchbruch nahezu perfekt in die Landschaft zu integrieren. Dies setzte freilich eine intensive Auseinandersetzung des Architekten mit den örtlichen topografischen Gegebenheiten voraus. Das an dieser Position vorhandene Steyr-Knie wurde auf optimale Art und Weise für die Errichtung von Wehranlage, Ausleitungskanal und Krafthaus genutzt, wobei letztere Einheit durch ihre gefällige Architektur einen in hohem Maße repräsentativen Charakter erhielt.[36]
Noch eindrucksvoller als das Jugendstilkrafthaus präsentiert sich die im Unterwasserbereich der hydroelektrischen Anlage situierte Bogenbrücke, welche das Bauensemble abrundet und eine Art Gegenpol zum Staudamm bildet. Dieses aus Beton und Stahl konstruierte Objekt besticht durch seine Schlichtheit und sein Material sparendes Design, ohne dabei vollständig auf die optische Wirkung verzichten zu wollen. Letztere wird insbesondere durch die im Jugendstil gestalteten Beleuchtungspfeiler erzeugt, die bei Dunkelheit für eine optimale Erhellung der Zufahrtsstraße sorgen. Insgesamt darf angemerkt werden, dass das Kraftwerk Steydurchbruch zu den bedeutendsten hydroelektrischen Anlagen des frühen 20. Jahrhunderts zählt und nach wie vor ein unverzichtbares Glied für die Energieversorgung Oberösterreichs darstellt.

---

[36]    Weber-Wille, Architektur von Wasserkraftwerken in Österreich (Anm. 10), S. 195.

## 2.2.3 Das Kraftwerk Steeg bei Bad Goisern
### ■ Kurzer historischer Überblick ■

In den Jahren 1897 und 1899 war es im Salzkammergut im Bereich von Bad Goisern zu katastrophalen Hochwässern gekommen, welche Teile der örtlichen Siedlung und der Infrastruktur zerstörten. Diese beiden Ereignisse ließen die Gemeindevorsteher über die Errichtung von Sperrbauwerken nachdenken, mit deren Hilfe eine geregelte Ableitung erhöhter Wassermengen bewerkstelligt werden konnte. Zum damaligen Zeitpunkt verfolgte man freilich noch nicht die Absicht einer Nutzung dieser Wasser stauenden Strukturen für die Erzeugung von elektrischem Strom. Erst zu Beginn des 20. Jahrhunderts entwickelte das Gmundener Ingenieurbüro Stern & Haferl AG eine Strategie zur hydroelektrischen Nutzung des Gosaubaches, welche in den nachfolgenden Jahren ihre schrittweise Realisierung finden sollte.[37]

Das für die damalige Zeit sehr groß dimensionierte Projekt zur Gewinnung von elektrischem Strom stieß bei der lokalen Bevölkerung auf wenig Gegenliebe. Vor allem Fabrikbesitzer mit Wasserechten, Mühlen und Sägewerken sowie Landwirte mit bachnahen Weideflächen sahen sich in ihrer Existenz bedroht und legten demzufolge Protest gegen das Bauvorhaben ein. Am 28. Februar 1907 reichte Stern & Haferl das Planungskonzept Gosautal bei der Bezirkshauptmannschaft Gmunden ein, und einige Monate später erfolgten intensive Verhandlungen mit den Anrainern. Letztere konnten schließlich nach finanziellen Zugeständnissen und der Zusage eines kostenlosen Strombezugs von der Notwendigkeit des Projektes überzeugt werden. Mit den Österreichischen Staatsbahnen, welche ebenfalls ihr Interesse an der energietechnischen Nutzung des Gosautales bekundet hatten, konnte eine für beide Seiten akzeptable Liefervereinbarung ausgehandelt werden.[38]

Die Bauarbeiten am Kraftwerk Steeg bei Bad Goisern starteten im Mai 1909 und dauerten bis Februar 1911 an. Für die Triebwasserführung wurden eigens Bergstollen gegraben, welche vor Muren- und Lawinenabgängen sicher waren, jedoch gegenüber den ursprünglich angedachten oberirdischen Kanälen einen vielfachen Arbeitsaufwand bedeuteten. Der

---

[37] Oberösterreichische Landesregierung (Hrsg.): Oberösterreich. Wesen und Leistung. Linz 1951/52, S. 172; Marchetti, H.: Stern & Haferl - Visionen mit Tradition 1883-2003. Gmunden 2003, S. 97/182.

[38] Weber-Wille, Architektur von Wasserkraftwerken in Österreich (Anm. 10), S. 188.

insgesamt 2.100 Meter lange Stollen führte vom Felswasserschloss zum am Talfuß gelegenen Krafthaus. Letzteres wurde im Laufe der Monate durch eine Werkstätte und Wohnhäuser für Personal und Betriebsleiter ergänzt. Die erste Inbetriebnahme des Kraftwerks Steeg datiert auf den 13. Dezember 1910, wobei man anfänglich eine Leistung von 5.900 Kilowatt erzielen konnte. Im Jahre 1913 wurde das technische Inventar um einen Drehstromgenerator mit 1.550 Kilowatt Leistung erweitert; dieser diente in erster Linie für die Versorgung der lokalen Bahnstrecke mit elektrischer Energie. Zehn Jahre später erfolgte der Bau einer zweiten Druckrohrleitung, welche zwei weitere Maschinensätze mit Triebwasser versorgte. Diese bauliche Maßnahme war durch den stetig steigenden Strombedarf der Bahn notwendig geworden.[39]

### ■ Architektur des Kraftwerksensembles ■

Für die architektonische Konzeption des Kraftwerks Steeg zeichnete wiederum Mauritz Balzarek verantwortlich, der zuvor die hydroelektrische Anlage in Steyrdurchbruch gestaltet hatte (Kapitel 2.2.2). Das mit dezenten Anklängen des Jugendstils versehene Krafthaus ist südlich von Bad Goisern, direkt neben der Pass-Gschütt-Bundesstrße B166 positioniert (Abb. 2.9). Die dazugehörige Wehranlage Klaushof befindet sich dagegen am Gosaubach auf halber Strecke zwischen Gosau und dem Hallstätter See. Das Krafthaus ist perpendikular zur Bundesstraße angeordnet, wobei die Maschinenhalle den nordwestlichen Bereich des Gebäudekomplexes

**Abb. 2.9**
*Maschinenhaus der hydro-elektrischen Anlage Steeg in Bad Goisern. Die Außenfassade lässt leichte Anklänge des Jugendstils erkennen. Linker Hand befindet sich die Maschinenhalle.*

---

[39] Weber-Wille, Architektur von Wasserkraftwerken in Österreich (Anm. 10), S. 188 f.

einnimmt. Dieses eingeschossige Bauelement zeichnet sich durch sein Walmdach und mehrere gleich gestaltete Fensterachsen aus. Im Bereich der beiden zentralen Fensterachsen steigt der Bau zu einer zweigeschossigen Struktur mit Krüppelwalmdach empor, welche quer zur Hauptachse des Gebäudekomplexes angeordnet ist. Die einzelnen Fensterachsen sind durch portalartige Fenster gekennzeichnet, wobei die Bögen von polygonalen Elementen eingerahmt werden. Dadurch folgt die Außenfassade zumindest in Teilen der Formsprache des Jugendstils (Abb. 2.10).

**Abb. 2.10**
*Maschinenhalle des Kraftwerks Steeg mit im Jugendstil gestalteten Fensterachsen. Der zentrale zweigeschossige Mitteltrakt verläuft quer zur Hauptachse des Gebäudes und verleiht der Konstruktion dadurch eine gewisse architektonische Raffinesse.*

Der südöstliche Bereich des Gebäudekomplexes setzt sich aus Schalthaus und Transformatorstation zusammen, während in Richtung Bundesstraße noch zusätzlich ein Betriebstrakt angetroffen werden kann. Von oben betrachtet zeichnet sich der Baukomplex durch seine verschnittenen Walmdächer aus; lediglich jener neben dem Eingang befindliche oktogonale Anbau findet durch ein schlicht gestaltetes Zeltdach seinen oberen Abschluss. Im näheren Umkreis des Krafthauses liegen noch Mehrfamilienwohnhäuser für das Betriebspersonal sowie eine Freiluftschaltanlage. Die beiden steil vom Berg herabfallenden Druckrohrleitungen führen parallel zur Gebäudelängsachse zu den einzelnen Turbinen welche ihrerseits für den Antrieb der nachgeschalteten Generatoren verantwortlich zeichnen. Während in der Maschinenhalle die historische Bausubstanz noch weitgehend konserviert ist, setzen sich Trafostation und Betriebstrakt aus modernen Materialien einschließlich Kunststoffen zusammen. Dadurch entsteht ein zusätzlicher, aus architektonischer Sicht interessanter Kontrast.

■ **Technische Ausstattung des Kraftwerks** ■

Die Maschinenhalle des Kraftwerks Steeg beherbergt gegenwärtig drei Maschinensätze. Eine Francis-Zwillingsturbine (Leistung: 12.900 Kilowatt) aus dem Jahr 1966 ist zur Abarbeitung von etwa 8 Kubikmeter Triebwasser pro Sekunde befähigt. Dieses Schaufelrad steht in direkter Verbindung mit einem Drehstromsynchrongenerator mit einer elektrischen Leistung von 15.500 Kilowatt. Der mithilfe der Maschine erzeugte elektrische Strom wird auf direktem Wege nach Hallstatt, Obertraun, Bad Goisern, Gosau sowie zum Elektrodenwerk in Steeg abgeleitet. Ein gewisser Teil der elektrischen Energie wird auch in das überregionale Netzwerk eingespeist. Für die Produktion des Bahnstroms stehen zwei Pelton-Turbinen (Baujahr 1922) mit einer Leistung von je 3.690 Kilowatt zur Verfügung, welche jeweils zur Abarbeitung von 2,64 Kubikmeter Triebwasser pro Sekunde befähigt sind. Die beiden Maschinen sind an Einphasensynchrongeneratoren gekoppelt. Die Jahresproduktion des Kraftwerks Steeg lässt sich mit ungefähr 9 Gigawattstunden beziffern, womit die Anlage einen klein bis mitteldimensionierten Stromlieferanten repräsentiert (Abb. 2.11).

**Abb. 2.11**
*Blick in die Maschinenhalle des Kraftwerks Steeg mit den einzelnen Turbinen-Generator-Sätzen.*

■ **Industriearchäologische Wertanalyse** ■

Das Kraftwerk Steeg stellt in seiner Gesamtheit zwar eher ein unspektakuläres Bauensemble dar, verfügt aber dennoch über einige Spezifitäten, die es aus kunsthistorischer Sicht wertvoll erscheinen lassen. Hier ist zunächst sicherlich der Umstand erwähnenswert, dass Mauritz Balzarek, ein Schüler Otto Wagners, als Architekt der Anlage auftrat, womit bereits ein gewisser Bezug zum im Rahmen dieser Monografie interessierenden Jugendstil hergestellt wird. Der Jugendstil schlägt auch bei der Anordnung der einzelnen Baukörper streng nach ihren Funktionen durch, was zu deren scheinbar willkürlicher Verschachtelung führt, jedoch die Hauptthese der Stilrichtung, gemäß welcher die Architektur für eine optimale Funktionalität zu sorgen hat, bekräftigt. Durch das etwas eigenwillige Arrangement der jeweiligen Gebäudetrakte entsteht letztendlich ein deutlicher Abgang von der bis dahin den Ton angebenden axialsymmetrischen Bauwerksinszenierung. Balzarek entwarf mit dem Kraftwerk einen Stilmix, welcher neben klassischen Elementen auch auf dezente Art und Weise an Barock und Jugendstil anknüpft und letztlich sogar erste Anklänge des Heimatstils, welcher ab der Mitte der 1920er Jahre vermehrt in Erscheinung tritt, erkennen lässt. All diese Eigenarten lassen die hydroelektrische Anlage zu einer besonderen Baustruktur geraten, deren langfristige Erhaltung oberste Priorität besitzen sollte.

### 2.2.4 Das Kraftwerk am Wasserfall in Bad Gastein
■ Kurzer historischer Überblick ■

Nachdem Bad Gastein in der zweiten Hälfte des 19. Jahrhunderts allmählich zu einem bedeutenden Kurort und Ziel für zahlreiche Sommerfrischler aufgestiegen war, erwog man in den 1880er Jahren eine sukzessive Elektrifizierung und technische Modernisierung der Gemeinde. Die erstmalige Stromerzeugung datiert in das Jahr 1886, wobei die noch in sehr überschaubarem Maße produzierte elektrische Energie insbesondere für die Straßenbeleuchtung genutzt wurde. Durch den stetig steigenden Strombedarf im Ort kam es im Jahre 1895 zur Errichtung des Kraftwerks „Sonnenwende" am oberen Wasserfall. Diese Anlage galt noch im ersten Jahrzehnt des 20. Jahrhunderts als zuverlässiger Produzent von elektrischer Energie, welcher ausreichende Strommengen für Bad Gastein zu liefern vermochte. Als jedoch knapp vor dem Ersten Weltkrieg ein zusätzlicher Elektrifizierungsboom entstand, musste ein weiteres Wasserkraftwerk geplant werden. Diese am unteren Wasserfall positionierte Anlage sollte der Ortschaft mittelfristig eine gewisse Stromautarkie bescheren. Als Architekt des neuen Objekts trat Leopold Führer, ein Schüler Otto

Wagners, auf, der auch an der baulichen Realisierung des in unmittelbarer Nähe befindlichen Grand Hotel de l'Europe maßgeblichen Anteil
hatte.[40]

Für die Errichtung des im Jugendstil konzipierten Kraftwerks am Wasserfall benötigte man lediglich ein Jahr. Bereits 1914 wurde die Anlage in
Betrieb genommen, wobei zwei Francis-Turbinen mit einer Leistung von
jeweils 640 Kilowatt zum Einsatz gelangten. In den Jahren 1923 und 1924
wurden die bis dahin zuverlässig laufenden Maschinen durch eine weitere Francis-Turbine mit einer Leistung von 940 Kilowatt ergänzt. Bis in die
Mitte der 1970er Jahre trat die Gemeinde Bad Gastein als Betreiber des
Kraftwerks am Wasserfall auf. Im Jahre 1975 wurde das Objekt schließlich
von der Salzburger Aktiengesellschaft für Energiewirtschaft (SAFE), der
heutigen Salzburg AG, übernommen und unter Generierung möglichst
hoher Produktivität weiterbetrieben. Nachdem Mitte der 1990er Jahre die
behördliche Genehmigung für den Betrieb der hydroelektrischen Anlage
ausgelaufen war und für die Verlängerung dieser Konzession zahlreiche
Investitionen notwendig gewesen wären, kam es 1996 zur endgültigen
Stilllegung des Kraftwerks.[41] In der Folge kaufte Bad Gastein das aus architektonischer Sicht wertvolle Gebäude zurück, so dass es im November
2004 schließlich unter Denkmalschutz gestellt werden konnte. Heute
dient die ehemalige Stromfabrik als Kulisse für Veranstaltungen; die Maschinenhalle beherbergt zudem in kleines Lokal mit entsprechenden Sitz-
gelegenheiten zwischen den alten Maschinen und Schaltelementen.

### ■ Architektur des Kraftwerksensembles ■

Die Anlage ist auf nahezu ideale Weise in die Landschaft eingebettet und
zeichnet sich einerseits durch ihre einfache Gestaltung und andererseits
durch ihren relativ geringen Platzbedarf aus (Abb. 2.12). Das über die
Conrad-Strochner-Straße erreichbare Krafthaus ist parallel zum Talverlauf
ausgerichtet und bildet gemeinsam mit dem Wasserfall, an dessen obe-
rem Ende die Wehranlage positioniert ist, eine für den Betrachter sehr ein-

---

[40]   Kernmayr, H. G.: Brot und Eisen. Festschrift der Handelskammer anlässlich ihres
       100-jährigen Bestehens. Salzburg 1951, S. 456-458; Hinterseer, S.: Gastein und
       seine Geschichte. Badgastein 1965, S. 94; Fischer, M./Dirninger, Ch./Höllbacher,
       R./Lorber, F.: Historische Wirtschaftarchitektur in Salzburg. Bauten – Einrichtungen
       – Werkzeuge. Salzburg/München 1997, S. 154 f.

[41]   Fischer et al., Historische Wirtschaftsarchitektur (Anm. 40), S. 154 f.

**Abb. 2.12**
*Kraftwerk am Wasserfall in Bad Gastein mit Maschinenhaus im Vordergrund und Betriebs-beziehungsweise Wohntrakt im Hintergrund.*

drucksvolle Einheit. Im Zentrum des Bauwerks steht sicherlich die im Vordergrund befindliche Maschinenhalle, welche sich in einen leicht erhöhten Hauptraum mit Krüppelwalmdach und seitliche Nebenräume mit Trafoanlage und Lagerbereichen untergliedert (Abb. 2.13). Als wesentliche Erkennungsmerkmale der sehr schlicht gestalteten Halle gelten die stark reduzierten Traufengesimse, welche in der Mitte dem Trapez des Krüppelwalms folgen, sowie das überdimensional konzipierte Rundbogenfenster mit profilierter Leibung. Dieses Element spiegelt beinahe die gesamte Größe des dahinter liegenden Maschinenraums wider und ist in sechs Felder unterteilt, von denen das linke untere die Eingangstür beinhaltet.[42] Der linke Nebenraum verfügt über ein aus Blech gefertigtes Satteldach, während der rechte Nebenraum durch ein Flachdach gekennzeichnet ist. Hinter der Maschinenhalle schließt das mehrgeschossige, durch einheitlich gestaltete Fensterachsen und eine ausgeprägte Mansar-

---

[42]  Weber-Wille, Architektur von Wasserkraftwerken in Österreich (Anm. 10), S. 200.

**44**

de charakterisierte Betriebs- und Wohngebäude an. Der Reiz dieser im Wesentlichen sehr einfach gehaltenen Baustruktur liegt zum einen in den beiden an den rückseitigen Ecken positionierten und mit Zeltdächern bedeckten Erhöhungen, wodurch sich wiederum eine Verschachtelung mehrerer Dachstrukturen ergibt. Zum anderen findet dieser Gebäudetrakt talaufwärts durch eine halbkreisförmige Terrassenstruktur mit einfachem Geländer und skulpturaler Ausschmückungen seinen Abschluss. Unterhalb dieses Bauelements befindet sich ein Vorratsbehälter für das Thermalwasser aus den umgebenden Quellen.

**Abb. 2.13**
*Vorderseite des Kraftwerks am Wasserfall mit der Maschinenhalle, welche insbesondere durch ihr überdimensional gestaltetes Rundbogenfenster und die stark reduzierten Traufengesimse auffällt. Der zentrale Bereich dieses Gebäudetraktes ist leicht erhöht und zeichnet sich durch sein Krüppelwalmdach aus Blech aus.*

Im Inneren der Maschinenhalle kann noch die originale Werksausstattung mit Turbinen, Generatoren, Reglern und Marmorschalttafel auf einer erhöhten Galerie angetroffen werden. Der Raum zeichnet sich durch seine alten Eisenbetonstützen und Bogenträger aus. Im Bodenbereich liegt ein quadratischer, im Raster verlegter Klinkerbelag vor. Diese Innenraumgestaltung wird durch Schmiedeeisengeländer ergänzt, welche mit ihrem

Kreis- und Bogendekor der Formensprache des technischen Jugendstils folgen (Abb. 2.14).[43]

**Abb. 2.14**
*Innenbereich der Maschinenhalle mit stählernen Strukturelementen, Klinkerbelag, Marmorschalttafel und Schmiedeeisengeländer.*

## ■ Technische Ausstattung des Kraftwerks ■

Die drei Francis-Spiralturbinen und zugehörigen Generatoren können noch heute in ihrem Originalzustand besichtigt werden. Gleiches gilt für die aus weißem Marmor gestaltete Schalttafel, welche einen Einblick in die Schalt- und Messtechnik der Vorkriegszeit gewährt und somit in technisch-historischer Hinsicht von besonderer Bedeutung ist. Die Jahresproduktion des eher klein dimensionierten Kraftwerks betrug heutigen Berechnungen zufolge nur wenige Gigawattstunden, wodurch die Anlage den modernen Bedürfnissen der Gemeinde kaum mehr gerecht werden könnte.

## ■ Industriearchäologische Wertanalyse ■

Das Kraftwerk am Wasserfall in Bad Gastein stellt eines der wenigen Jugendstilgebäude im Bundesland Salzburg dar und wurde zudem von einem namhaften Architekten aus der Schule Otto Wagners konzipiert. Ursprünglich bildete es ganz im Sinne des technischen Jugendstils eine funktionelle Einheit mit der Natur. Heute repräsentiert die unter Denkmalschutz stehende Baustruktur nicht nur ein beliebtes Ausflugsziel, sondern auch ein architektonisches Symbol des ökonomischen Aufstiegs der gesamten Region.

---

[43]  Weber-Wille, Architektur von Wasserkraftwerken in Österreich (Anm. 10), S. 200.

## 2.2.5 Das Kraftwerk Andelsbuch in Vorarlberg
■ <u>Kurzer historischer Überblick</u> ■

Im Jahre 1890 legte das Textilunternehmen Jenny & Schindler den Grundstein für die Stromproduktion in Vorarlberg. Da die Nutzung der Wasserkraft gerade in der Anfangszeit sehr stark hinter dem Wachstum einzelner regionaler Betriebe zurückblieb und dadurch die Abdeckung des Bedarfs an elektrischer Energie nicht gegeben war, wurde im Bregenzer Wald nach weiteren Ausbaumöglichkeiten in Hinblick auf diesen erneuerbaren Energieträger gesucht. Eine in dieser Hinsicht interessante und vielversprechende Lösung bot sich an der Bregenzer Ache bei Andelsbuch. Für die angesprochene Position wurde vom Dornbirner Ingenieur Leopold Rhomberg in den ersten Jahren des 20. Jahrhunderts ein Kraftwerksprojekt konzipiert, welches 1904 in den Besitz von Jenny & Schindler gelangte. Der Textilbetrieb beauftragte das Ingenieurbüro Kürsteiner in St. Gallen mit der Ausarbeitung der Pläne und holte die Schweizer Watt AG als zusätzlichen Kapitalgeber mit an Bord. Bereits im Mai des Jahres 1905 erfolgte der Start der Bauarbeiten, wobei verschiedene Firmen mit der Errichtung der einzelnen Kraftwerkskomponenten betraut wurden. Das Hauptaugenmerk bei der Auftragsvergabe wurde auf lokal ansässige Betriebe gelegt; lediglich die Generatoren (Siemens-Schuckertwerke AG) und die Schaltanlage (Oerlikon) wurden von auswärtigen Großunternehmen produziert und installiert.[44]

Die Errichtung der Dämme des Stauweihers gestaltete sich phasenweise sehr schwierig, da man auf keinen tragenden Untergrund stieß und diesem Problem mit entsprechenden baulichen Maßnahmen zu begegnen hatte. Die sich daraus ergebenden Verzögerungen führten dazu, dass das Kraftwerk erst am 26. Jänner 1908, also fast drei Jahre nach Baubeginn, in Betrieb gehen konnte. Die hydroelektrische Anlage enthielt schon zu Beginn vier Maschinensätze mit einer Gesamtleistung von rund 10.000 Pferdestärken und zählte damit zu den leistungsstärksten Werken in der gesamten Habsburgermonarchie.[45]

In den 1920er Jahren ging Jenny & Schindler mit dem Kraftwerk Andelsbuch in den Besitz der Vorarlberger Kraftwerke GmbH (VKW) über, wel-

---

[44] Mittersteiner, R.: Kraftfelder. Strom prägt ein Jahrhundert. 100 Jahre VKW. Bregenz 2001, S. 85 ff.; Weber-Wille, Architektur von Wasserkraftwerken in Österreich (Anm. 10), S. 272 f.

[45] Weber-Wille, Architektur von Wasserkraftwerken in Österreich (Anm. 10), S. 273.

che sich ihrerseits mehrheitlich in öffentlicher Hand befand. Ende der 1960er Jahre wurden die vier Maschinensätze durch eine Francis-Spiralturbine ergänzt, wodurch die Stromproduktion eine nochmalige Steigerung erfuhr. Nachdem das in der Bregenzer Ache transportierte Sediment zunehmend Probleme bei der Wehranlage bereitet hatte, wurde in den 1970er Jahren ein Spülschutz an der Staumauer installiert. Zwischen 1993 und 1995 wurden die originalen Maschinensätze durch neue ersetzt und umfangreiche Sanierungsmaßnahmen am Krafthaus durchgeführt.

### ■ Architektur des Kraftwerksensembles ■

Das Kraftwerk Andelsbuch befindet sich etwa 1,7 Kilometer südwestlich der namensgebenden Ortschaft und bezieht sein Triebwasser von einem rund 62 Meter höher gelegenen Stauweiher, welcher über einen Freispiegelstollen von der Bregenzer Ache versorgt wird und über ein Fassungsvermögen von 120.000 Kubikmeter verfügt. Der Wassertransport zum Krafthaus erfolgt über zwei Druckrohrleitungen (Abb. 2.15). Die hydro-

**2.15**
*Kraftwerk Andelsbuch im Bregenzer Wald mit den zum Krafthaus führenden Druckleitungen. Die im repräsentativen Landhausstil errichtete Anlage weist im Inneren Elemente des Jugendstils auf.*

elektrische Anlage wurde im späthistoristischen Stil mit entsprechend hoher optischer Wirkung nach außen konzipiert, wobei der im Grundriss rechteckige Bau quer zum Hang ausgerichtet ist und nach oben hin durch kreuzförmig verschnittene Satteldächer seinen Abschluss findet. An den Stirnseiten der Satteldächer treten vier imposante Treppengiebel auf, welche die repräsentative Wirkung des Ensembles noch zusätzlich zu verstärken vermögen. An der Vorderseite des Krafthauses führen zwei Eingänge vom Vorplatz in das Gebäudeinnere; diese sind durch kleine Vordächer mit Treppengiebeln gekennzeichnet (Abb. 2.16). Das sehr hoch

**Abb. 2.16**
*Blick auf die Vorderseite des Krafthauses mit den Treppengiebeln an der Stirnseite des Quertraktes und über den beiden Eingängen.*

gestaltete Dachgeschoss des Krafthauses enthielt ursprünglich die Wohnung des Kraftwerkswärters. Im Erdgeschoss war neben der Maschinenhalle und den Betriebsräumen auch noch eine Werkskantine zur Verköstigung der Belegschaft untergebracht. Im Nordwesten wurde das historische Gebäude durch einen Anbau aus Stahlbeton mit einer vorgeblendeten Fassade aus Streckmetallelementen ergänzt. Darin befindet sich der fünfte, in den 1960er Jahren installierte Maschinensatz.[46]
Die als zentrale Komponente fungierende Maschinenhalle nimmt beinahe das gesamte Erdgeschoss des Krafthauses ein und wurde in erster Linie nach funktionellen Maßstäben gestaltet. Die einzelnen Maschinensätze sind hier in Reih und Glied angeordnet, wobei die Abdeckungen der Turbinen in blauer Farbe, die Strom produzierenden Generatoren hingegen in roter Farbe gehalten sind (Abb. 2.17). An einem Ende der Maschinenhalle befindet sich der verglaste Schaltraum, welcher über zwei zweiläufige Treppen erreicht werden kann. Hier war ursprünglich die Marmorschaltwand des Werks positioniert, die jedoch im Zuge ausgedehnter Modernisierungsarbeiten ihre Demontage erfuhr. Das andere Ende der Halle erweist sich aus kunsthistorischer Sicht als wesentlich interessanter, da hier ein kleiner Balkonmit im Jugendstil verziertem Bronzegeländer

---

[46] Weber-Wille, Architektur von Wasserkraftwerken in Österreich (Anm. 10), S. 273 f.

angetroffen werden kann. Der Zugang zu diesem gesonderten Bereich wird von einem mit Schnitzdekor verzierten Korbbogen eingerahmt, über dem eine kleine Uhr positioniert ist. Schnitzwerk und Uhr folgen ebenfalls der Formensprache des Jugendstils. Dies ist zuletzt auch noch bei jenem vom Erd- in das Obergeschoss führenden Bronzegeländer der Fall, so dass zumindest eine teilweise Zuschreibung des Bauwerks zu der am Anfang des 20. Jahrhunderts etablierten Kunstrichtung vorgenommen werden kann.

**Abb. 2.17**
*Blick in die Maschinenhalle des Kraftwerks Andelsbuch mit den einzelnen Maschinensätzen, dem Schaltraum im Hintergrund und dem Bronzegeländer im Jugendstil im Vordergrund.*

In bautechnischer Hinsicht stellt das Krafthaus einen Ziegel-Massivbau dar, welcher durch schwere Eisenbetondecken stabilisiert wird. Die Eisensprossenfenster stammen ebenso wie der Bodenbelag und die Wandverkleidung noch aus der Entstehungszeit der Anlage, wohingegen die ursprüngliche Schaltwand leider verlorengegangen ist. Der im Unterwasserbereich positionierte Anbau wurde aus massivem Stahlbeton konstruiert und weist zudem einen als Blende fungierenden Streckmetallrahmen auf.[47]

### ■ Technische Ausstattung des Kraftwerks ■

Die hydroelektrische Anlage von Andelsbuch beherbergt vier Francis-Spiralturbinen mit horizontal verlaufender Antriebsachse zum Betrieb der Generatoren. Die Maschinen wurden zwischen 1993 und 1995 installiert und weisen eine Leistung von je 2.000 Kilowatt auf. Jede Turbine ist zur

---

[47]    Weber-Wille, Architektur von Wasserkraftwerken in Österreich (Anm. 10), S. 274.

Abarbeitung von 4 Kubikmeter Wasser pro Sekunde befähigt. Zur Erzeugung der elektrischen Energie dienen Drehstromgeneratoren mit einer elektrischen Leistung von 2.800 Kilowatt, welche mit einer Nennspannung von 5,5 Kilovolt betrieben werden. Der im modernen Anbau untergebrachte fünfte Maschinensatz beinhaltet einen Francis-Spiralturbine mit einer Leistung von 6.500 Kilowatt und einem Schluckvermögen von 12 Kubikmeter Wasser pro Sekunde. Der mit dem Schaufelrad verbundene Drehstromgenerator besitzt eine elektrische Leistung von 8.000 Kilowatt und eine Nennspannung von 10,5 Kilovolt. Als Besonderheit des Kraftwerks können zwei Hausmaschinen mit horizontal installierten Francis-Turbinen bewertet werden, welche eine Gesamtleistung von 294 Kilowatt erzielen. Die elektrische Leistung der gesamten hydroelektrischen Anlage beläuft sich auf 15.100 Kilowatt, und die Jahreserzeugung kann mit 50,5 Gigawattstunden angegeben werden, womit eine flächendeckende regionale Stromversorgung gewährleistet ist. Als technische Spezifität des Kraftwerks Andelsbuch können zweifelsohne die jeweils 207 Meter langen, genieteten Druckrohrleitungen bewertet werden, welche in die Entstehungszeit der Anlage datieren und über einen Innendurchmesser von jeweils 200 Zentimeter verfügen.[48]

### ■ Industriearchäologische Wertanalyse ■
Das Kraftwerk Andelsbuch stellt in mehrerlei Hinsicht eine Besonderheit dar. Einerseits zählte es nach seiner Erbauung zu den leistungsstärksten hydroelektrischen Anlagen der Habsburgermonarchie, womit ihm ein übergeordneter Platz in der heimischen Technikgeschichte gebührt. Andererseits verfügt es über eine Mischarchitektur, welche nach außen hin repräsentieren möchte, im Inneren hingegen auf bestmögliche Raumnutzung und optimale Funktionalität bedacht ist. Der historistische Baustil tritt hier in eine gekonnte Verbindung mit dem eher schlichten, durch geschwungene Dekorelemente gekennzeichneten Jugendstil. Dadurch ergibt sich ein kunsthistorisch wertvolles Bauensemble mit sehr hohem Anspruch auf eine möglichst dauerhafte Konservierung. Sowohl das Krafthaus als auch das am Stauweiher gelegene Schieberhaus und die Druckrohrleitungen sind längst zu Wahrzeichen der ganzen Region geworden, welche immer wieder zahlreiche Interessenten anzulocken vermögen.

---

[48]   Weber-Wille, Architektur von Wasserkraftwerken in Österreich (Anm. 10), S. 274.

## 2.2.6 Das Kraftwerk Peggau-Deutschfeistritz
■ Kurzer historischer Überblick ■

Der Name des direkt an der Mur gelegenen Laufkraftwerks rührt daher, dass das Maschinenhaus in Deutschfeistritz, die Wehranlage hingegen in großen Teilen in der Ortschaft Peggau liegt. Bereits im Jahre 1903 wurde mit der Planung eines sogenannten Ausleitungskraftwerks an der Mur bei Deutschfeistritz begonnen, wobei die Schweizerische Eisenbahnbank und das ebenfalls in der Schweiz ansässige Bauunternehmen Albert Buss & Cie. als Projekt leitende Instanzen auftraten. Das an der Stelle des alten Silberbergwerks positionierte Krafthaus wurde drei Jahre später nach Plänen von Josef Hötzl in Angriff genommen. Noch im selben Jahr erfolgte auch die Errichtung der Wehranlage und des als Stollen angelegten Betriebswasserkanals. Zur erstmaligen Inbetriebnahme der hydroelektrischen Anlage kam es am 2. Dezember 1908. Der von fünf Doppel-Francis-Turbinen produzierte elektrische Strom wurde an die Guggenbacher Papierfabrik in Übelbach und die Papierfabrik Leykam-Josefsthal in Gratwein geliefert. Auch die zwischen Peggau und Übelbach fahrende Eisenbahn bezog ihre Elektrizität aus dem nahegelegenen Kraftwerk. Zwei Jahre nach ihrer Fertigstellung gelangte die Anlage in den Besitz der Steiermärkischen Elektrizitäts-Gesellschaft (STEG), welche ihrerseits aus einem Zusammenschluss der Kraftwerksgesellschaften Deutschfeistritz und Lebring hervortrat.[49]

Zu Beginn der 1960er Jahre wurde ein Ausbau des Kraftwerks erwogen. Da das alte Krafthaus an die Grenzen seiner produktiven Kapazitäten gestoßen war, sollte es durch einen Neubau ersetzt werden, ohne dabei die ursprünglichen, vom Jugendstil geprägten Baustrukturen zu beseitigen. Auch der historische Betriebswasserstollen und die dazugehörige Wehranlage blieben trotz dieser umfassenden Modernisierungsmaßnahmen erhalten. Das neue Krafthaus ging im September 1965 ans Netz, wohingegen die Maschinensätze des Altbaus bis 1967 ihre vollständige Demontage erfuhren. Die Halle wurde in Büros und eine Werkstätte umgebaut. Die alte Dampfzentrale im ursprünglichen Krafthaus wurde Ende der 1980er Jahre mit einer modernen 20-Kilovolt-Schaltanlage versehen, nachdem sich die alte Anlage nach Inbetriebnahme des Kraftwerks Ra-

---

[49]  Wehdorn, M./Georgeacopol-Winischhofer, U./Roth, P. W.: Baudenkmäler der Technik und Industrie in Österreich. 2. Steiermark und Kärnten. Wien 1991, S. 6-7 und S. 14-15.

benstein nicht mehr als kurzschlussfest herausgestellt hatte. In den 1990er Jahren wurde das neue Kraftwerk durch einen Bürotrakt ergänzt; zudem erfolgte ein Ausbau des Krafthauses zur Gewinnung von zusätzlichem Platz für Rechner- und Fernwirkräume. Seit dem Jahr 2000 wird die hydroelektrische Anlage von der Zentralwarte der STEG in Graz aus ferngesteuert. Am 1. April 2002 wurde das Kraftwerk in die VERBUND-Austrian Hydro AG aufgenommen, welche eine Generalsanierung des alten Krafthauses durchführte und ein Archiv für die Werksgruppe Steiermark einrichten ließ.

■ **Architektur des Kraftwerksensembles** ■

Das im Rahmen dieses Kapitels besonders hervorzustreichende alte Krafthaus wurde nach Plänen des Architekten Josef Hötzl gestaltet. Es stellt einen langgestreckten Stahlbeton-Skelettbau mit insgesamt sechs Fensterachsen an der Hauptfassade und jeweils zwei Fensterachsen an den markanten Eckrisaliten dar. Das Gebäude folgt einer herrschaftlichen und demzufolge sehr repräsentativen Formensprache, wobei sich seine Vorderfront durch den reichen Jugendstildekor auszeichnet (Abb. 2.18). Der Mitteltrakt lässt sechs große Rundbogenfenster erkennen und ruht gemeinsam mit den Seitentrakten auf einer massiven Grundplatte. Diese wird im Mittelteil von sechs nebeneinanderliegenden Segmenttonnengewölben getragen, welche ihrerseits die Auslauföffnungen für die Turbinen darstellen.[50]

**Abb. 2.18**
*Altes Krafthaus der hydroelektrischen Anlage in Peggau-Deutschfeistritz mit typischer, im Jugendstil gestalteter Fassade.*

---

[50]  Wehdorn et al., Baudenkmäler der Technik und Industrie in Österreich 2 (Anm. 49) S. 14.

Die beiden Eckrisalite sind dreigeschossig konzipiert und überragen dadurch den Mitteltrakt geringfügig (Abb. 2.19). Die oberste Geschossdecke des Krafthauses ist durch ein flaches Gewölbe mit Eisensäulen charakterisiert, wohingegen es sich bei den darunterliegenden Decken um freigespannte Holzplafonds handelt. Bei den Dachstühlen wurde eine Mischbauweise aus Holz und Eisen zur Anwendung gebracht. Alle Fenster und Türen der alten Baustruktur wurden aus Eisen gefertigt, womit dem Bauwerk nochmals eine zusätzliche Stabilität verliehen werden konnte. In den 1960er Jahren wurden die Zwischenwände des Mitteltraktes vollständig entfernt, um genügend Platz für ein Großraumbüro zu schaffen.[51]

**Abb. 2.19**
*Detaillierter er Blick auf die mit Jugendstilornamenten versehene Hauptfassade des alten Krafthauses der hydroelektrischen Anlage von Peggau-Deutschfeistritz. Die über den Rundbogenfenstern positionierte Attikazone weist typische elliptische Dekorelemente auf, während die Lisenen kreisförmige Zierkomponenten beinhalten.*

Als wohl markantestes Kennzeichen des historischen Bauensembles gilt die Attikazone der auf der Unterwasserseite befindlichen Fassade, welche

---

[51] Roßhaendler, J.: Elektrizitätsversorgung und Wasserkraftnutzung in der Mittelsteiermark. In: Elektrotechnik und Maschinenbau (1925), S. 710-718; Schmeja, M.: Wasserkraft aus Peggau. In: Elektrobote (STEG) 10 (1978), S. 33-36; Achleitner, F.: Österreichische Architektur im 20. Jahrhundert. Band II: Niederösterreich, Burgenland, Steiermark, Kärnten. Salzburg/Wien 1983, S. 159;

zum Teil ein Viertel der Gebäudehöhe einnimmt und eine stellenweise sehr feine Ornamentierung zeigt. Im Mitteltrakt sind insbesondere die in diesem Bereich positionierten elliptischen Zierelemente mit vertikalen Querstreben hervorzuheben, die gemeinsam mit den Dekorkomponenten auf den Lisenen sehr deutlich die Formensprache des Jugendstils wiederzugeben vermögen. Vor dem alten Krafthaus befindet sich noch heute ein großes Wasserbassin mit eisernem Rechen, in welches der Oberwasserkanal mündet.[52]

### ■ Technische Ausstattung des Kraftwerks ■

Die ursprüngliche maschinelle Ausstattung des Kraftwerks Peggau-Deutschfeistritz umfasste insgesamt fünf Maschinensätze, wobei für die energetische Umwandlung der Wasserkraft Francis-Zwillingsturbinen mit einem Schluckvermögen von jeweils 17,6 Kubikmeter Wasser pro Sekunde und einer Leistung von 1.368 Kilowatt zum Einsatz gelangten. Die Schaufelräder verfügten über automatisch wirkende Turboregulatoren und waren jeweils mit Synchrongeneratoren verbunden, die bei 157 Umdrehungen eine elektrische Leistung von 1.470 Kilowatt zu erbringen vermochten. Die Gesamtleistung der hydroelektrischen Anlage bamß sich den Daten zufolge auf 7.140 Kilowatt, wodurch eine Jahreserzeugung im niedrigen Gigawattstundenbereich gewährleistet war. Die Maschinensätze wurden zur Optimierung der Funktionalität der hydroelektrischen An-

**Abb. 2.20**
*Historische Fotografie des Innenbereichs der Maschinenhalle mit einzelnen Komponenten der Turbinen und Generatoren.*

---

[52]  Wehdorn et al., Baudenkmäler der Technik und Industrie in Österreich 2 (Anm. 49) S. 14.

lage in Reih und Glied angeordnet und von einer am Ende der Halle in leicht erhöhter Position befindlichen Schalttafel kontrolliert. Das neu errichtete Kraftwerk verfügt über zwei Kaplan-Turbinen mit einer Leistung von jeweils 6.330 Kilowatt. Diese sind mit zwei Drehstrom-Synchrongeneratoren verbunden, welche jeweils eine elektrische Leistung von 8.000 Kilowatt erbringen können. Die jährliche Stromproduktion der modernen Anlage beläuft sich auf insgesamt 81,3 Gigawattstunden, womit ein hinsichtlich seiner Dimensionierung mittelgroßes Werk vorliegt.[53]

■ **Industriearchäologische Wertanalyse** ■

Die hydroelektrische Anlage in Peggau-Deutschfeistritz stellt ohne Zweifel eine Besonderheit in der österreichischen Kraftwerkslandschaft dar, weil sie nicht nur in Bezug auf ihre Innengestaltung der Formensprache des Jugendstils folgt, sondern diese Kunst- und Architekturströmung auch nach außen hin widerzuspiegeln vermag. Der genannte Umstand hat freilich dazu geführt, dass man der historischen Bausubstanz im Laufe der Jahrzehnte einen hohen Erhaltungswert beigemessen hat. Das mittlerweile unter Denkmalschutz stehende Krafthaus mit seiner eindrucksvollen Frontfassade und den beiden Eckrisaliten hat in den 1960er Jahren eine Umwidmung hin zum Büro- und Ausstellungsgebäude erfahren, womit ihm auch in näherer Zukunft eine vielfältige Nutzung beschieden ist. Insgesamt kann festgehalten werden, dass die alte Anlage sowohl in industriearchäologischer als auch in wirtschaftshistorischer Hinsicht ein unübersehbares Denkmal repräsentiert, das als unverzichtbare Quelle für die Dokumentation der ökonomischen Entwicklung in der Steiermark zu gelten hat.

---

[53]  Wehdorn et al., Baudenkmäler der Technik und Industrie in Österreich 2 (Anm. 49) S. 14.

# KAPITEL 3

## Fabrikanlagen des Jugendstils in Österreich

# Kapitel 3
## Fabrikanlagen des Jugendstils in Österreich

## 3.1 Einleitung
### 3.1.1 Entwicklung des Fabrikwesens in der Habsburgermonarchie

Der Terminus „Fabrik" leitet sich vom lateinischen *fabrica* (Werkstatt) ab und stellt nach allgemeiner historischer Auffassung einen Leitbegriff der Industrialisierung dar. In der Alltagssprache wird eine Fabrik in der Regel mit Maschinen, zahlreichen arbeitenden Menschen und der massenhaften Produktion von Waren gleichgesetzt. Zu ihren Hauptmerkmalen zählt ohne Zweifel die Vereinigung mehrerer Arbeitsprozesse unter einem Dach, womit sie sich vom Verlagswesen unterscheidet. Durch den Einsatz von Maschinen zur Steigerung der Produktivität weicht die Fabrik von der klassischen Manufaktur mit ihrer großteils auf Handarbeit basierenden Warenfertigung ab. Die in der Fabrik realisierte Massenproduktion wendet sich mit allem Nachdruck von der lokalen Eigenversorgung ab und verfolgt das Ziel der Abdeckung einer überregionalen Nachfrage.[54]

Der Fabrikbegriff hat im Laufe der Zeit einen Wandel vollzogen. In der Mitte des 19. Jahrhunderts bezeichnete die Fabrik lediglich einen Arbeitsort, ohne jedoch die darin stattfindende Arbeitsteilung oder den Einsatz von Maschinen bei der Produktion mit zu berücksichtigen. Nachdem Deutschland in den späten 1850er Jahren in die Hauptphase der Industrialisierung eingetreten war, erfuhr der Fabrikbegriff eine signifikante Veränderung: Von nun an verstand man unter diesem Terminus einen Großbetrieb mit den drei Hauptfaktoren Kapital, Arbeit und Leistung, dessen Produktivität nicht mehr vornehmlich auf Muskelkraft, sondern zum größten Teil auf mechanischer Kraft gründete.[55]

Nicht alle Fabriken der zweiten Hälfte des 19. Jahrhunderts funktionierten nach denselben Kriterien und Regeln oder durchliefen einen identischen Entwicklungspfad. Vielmehr unterschied sich eine Textilfabrik sehr grundlegend von der Massenproduktionsstätte des Maschinenbaus. Während

---

[54] Ruppert, W.: Die Fabrik. Geschichte von Arbeit und Industrialisierung in Deutschland. München 1983, S. 8; Sturm, R.: Industrialisierung einer Barockstadt. Industrie-, Gewerbe- und Verkehrsbauten des 19. und frühen 20. Jahrhunderts in der Stadt Salzburg und Umgebung. Saarbrücken 2009, S. 83.

[55] Ruppert, Die Fabrik (Anm. 54), S. 9 ff.

das Textilgewerbe den Schritt von der Kleinwerkstatt zum Großbetrieb nur sehr langsam zu vollziehen vermochte, war das Gewerbe des Maschinenbaus in Bezug auf sein Produktionsvolumen von Vorneherein sehr groß dimensioniert, wobei oftmals riesige Mengen von Arbeitskräften zum Einsatz kamen.[56] Standen die ersten Dekaden der zweiten Hälfte des 19. Jahrhunderts noch ganz im Zeichen einer sukzessiven Perfektionierung der mechanischen Großwerkstätte, so widmete man sich am Ende dieses Säkulums vermehrt der Elektrifizierung der Fabrik und dem Ersatz der Dampfmaschine durch die wesentlich effizientere Elektromaschine.[57] Die im Zusammenhang mit der Fabrik zu nennenden Entwicklungen verliefen in Österreich und Deutschland sehr ähnlich. Der wesentliche Unterschied zwischen den beiden Ländern bestand in der Geschwindigkeit dieses evolutiven Prozesses; während die hochtechnisierte Fabrik in Deutschland bereits in den 1860er und 1870er Jahren ihren Platz in der Industrielandschaft gefunden hatte, vermochte sie sich in Österreich erst 20 bis 30 Jahre später zu etablieren.

Wenn man einen etwas genaueren Blick auf den Fortschritt des Fabrikwesens in der Habsburgermonarchie werfen möchte, so ist zunächst vorauszuschicken, dass in der zweiten Hälfte des 19. Jahrhunderts zwischen den einzelnen Regionen des Reichs erhebliche ökonomische Disparitäten bestanden. Diese erfuhren durch nationalistische Tendenzen noch eine zusätzliche Verschärfung. Als dominierende industrielle Regionen traten unter anderem Böhmen, Mähren, Schlesien, Niederösterreich, Vorarlberg und Wien hervor, wohingegen vor allem im Südosten der Monarchie zum Teil erhebliche wirtschaftliche Defizite vorlagen. Die hinsichtlich ihrer industriellen Entwicklung voranschreitenden Länder zeichneten sich durch eine Vielzahl an Unternehmensgründungen aus, welche Hand in Hand mit der Errichtung von Fabrikanlagen und der Rekrutierung großer Mengen an Arbeitskräften gingen.[58]

Jene ökonomische Entwicklung, welche in der Donaumonarchie in der zweiten Hälfte des 19. Jahrhunderts ablief, war gegenüber den vorgegangenen Dekaden durch zwei wesentliche Veränderungen gekennzeichnet, die auch im Fabrikwesen ihren nachhaltigen Niederschlag fanden. Zum einen konzentrierte sich die industrielle Dynamik in den böhmischen

---

[56]   Ruppert, Die Fabrik (Anm. 54), S. 11.
[57]   Sturm, Industrialisierung einer Barockstadt (Anm. 54), S. 84.
[58]   Ebd., S. 54 f.

Ländern, während sich die Wachstumsraten in den Regionen des heutigen Österreich auf etwas niedrigerem Niveau einpendelten. Deutliche ökonomische Impulse konnten auch für die Länder der ungarischen Krone und die einzelnen Karpatenregionen verzeichnet werden.[59] Zum anderen gab es erhebliche Strukturverschiebungen zu Ungunsten der Landwirtschaft, was jedoch nichts daran änderte, dass der Agrarsektor den bei Weitem größten Teil der arbeitenden Bevölkerung (ca. 80 %) an sich band. Die in der Industrie tätige Arbeiterschaft nahm stetig an Bedeutung zu und avancierte zu einer eigenen Bevölkerungsschicht, welche ganz individuelle Bedürfnisse entwickelte. Während die Textil- und Bekleidungsindustrie einen anteilsmäßigen Rückgang an der Gesamtwertschöpfung verzeichnete, waren Metall-, Petro- und Nahrungsmittelindustrie zeitgleich durch einen teils massiven Anstieg ihrer Produktion gekennzeichnet.[60]

In den letzten Jahrzehnten des 19. Jahrhunderts war die Wirtschaft der Donaumonarchie durch Fusionierungen auf der einen Seite und Kartellbildungen auf der anderen gekennzeichnet. Der Fusionierungsprozess hatte oftmals die Bildung von Großunternehmen zur Folge, welche ihre kleineren Konkurrenten sukzessive vom Markt verdrängten. Die für das Kartell typischen Preisabsprachen stärkten hingegen die Positionen der Großbetriebe untereinander. Der Staat interagierte mit der Industrie durch die vermehrte Gewährung von Subventionen, stabilitätspolitische Eingriffe, gezielte Verstaatlichungen und die Intensivierung der Kommunalisierung im Infrastrukturbereich. All diese Maßnahmen sollten letztendlich eine Stärkung des Großunternehmertums und damit verbundenen Fabrikwesens bewirken.[61]

Nachdem die österreichische Wirtschaft im Jahre 1873 einen Einbruch mit nachfolgender Rezession erlitten hatte, wurde sie an der Jahrhundertwende wieder von einem Aufschwung erfasst, der im Zeitraum zwischen 1904 und 1908 seinen Höhepunkt erreichte. In dieser Phase trat die Habsburgermonarchie mit ihren ökonomischen Wachstumsdaten kurzfristig an die Spitze der westeuropäischen Länder. Die Optimierung der Wirtschaft ließ Österreich in Europa zu einen ernst zu nehmenden Handelspartner aufsteigen und galt als besonders förderlich für die Gründung neuer Betriebe und den Ausbau alter Fabrikanlagen. Mit dem Ausbruch des Ersten

---

[59]  Good, D.: Der wirtschaftliche Aufstieg des Habsburgerreiches 1750 – 1914. Wien/Köln/Graz 1986, S. 113 ff.

[60]  Ebd., S. 118.

[61]  Sturm, Industrialisierung einer Barockstadt (Anm. 54), S. 56.

Weltkrieges fand die Phase der ökonomischen Prosperität ihr abruptes Ende.[62]

In der Vorkriegszeit nahm die Anzahl der Produktionen und damit verbundenen Fabrikgebäude kontinuierlich zu, wobei die durch einen Börsenkrach ausgelöste Wirtschaftskrise im Jahre 1873 diesen Entwicklungsprozess nur kurzzeitig zu beeinträchtigen vermochte. In der Textilindustrie stieg die Anzahl der Spindeln sukzessive an, was auf die stetige Vergrößerung bereits bestehender und die Gründung neuer Betriebe zurückzuführen war. Auch die Lebensmittel- und Eisenproduktion konnten jährliche Zuwächse verzeichnen; das in den Hochöfen produzierte Eisen ging zunächst in die Produktion von landwirtschaftlichen Werkzeugen (Sensen, Sicheln), später jedoch vermehrt auch in die Waffenherstellung und in den Maschinen- und Eisenbahnbau.

Die Gründung immer neuer Betriebe mit den dazugehörigen Fabrikanlagen hatte zur Folge, dass sich in den industrialisierten Ländern der Anteil der in der Land- und Forstwirtschaft arbeitenden Bevölkerung fortwährend reduzierte. Waren etwa in Niederösterreich im Jahre 1766 noch 74 % aller Menschen in diesem Sektor tätig, so sank dieser Anteil bis zum Jahre 1850 auf 53 %. In Böhmen erfolgte im selben Zeitraum gar eine Verringerung von 88 auf 58 %. Die Industrialisierung hatte die Bildung einer neuen Bevölkerungsschicht, der Arbeiterschaft, zur Folge. Hierbei handelte es sich um zumeist ungelernte Männer und Frauen, die innerhalb der arbeitsteiligen Fabrik leicht erlernbare Tätigkeiten durchzuführen hatten. Je mehr Teilschritte innerhalb des Produktionsprozesses notwendig waren, desto mehr Arbeitskräfte gelangten zur Rekrutierung. Der Einsatz einer Vielzahl ungelernter Arbeiter und Arbeiterinnen bewirkte einerseits eine deutliche Senkung der Kosten, anderseits eine signifikante Erhöhung der Produktivität. Die Arbeiterschaft stand in deutlichem Gegensatz zu den gelernten Fachkräften, die einen wesentlich höheren gesellschaftlichen Status innehatten, viel bessere Bezahlung erhielten und vielfach im Ausland rekrutiert wurden.

Die vorkriegszeitliche Entwicklung der österreichischen Fabriklandschaft hatte nicht nur jene zuvor geschilderten Folgen, sondern bewirkte zusätzlich auch noch eine kontinuierliche Hebung des Wohlstandes und eine stetige Steigerung des Prokopfeinkommens. Dieses belief sich in den Jahren 1911 bis 1913 je nach Region auf 316 bis 850 Kronen. Sollte jedoch in der Zwischenkriegszeit wieder einen Einbruch erleiden.

---

[62]  Sturm, Industrialisierung einer Barockstadt (Anm. 54), S. 56.

### 3.1.2 Fabrikarchitektur an der Wende vom 19. zum 20. Jahrhundert

Im letzten Drittel des 19. Jahrhunderts zeichneten sich in der Fabrikarchitektur der Habsburgermonarchie zwei wesentliche Entwicklungslinien ab. Neben dem simplen, von jeglichem Repräsentationszwang absehenden Zweckbau avancierte das „Industrieschloss" zu einer beliebten Bauform im produzierenden Gewerbe. In der Gründerzeit erlangten jene Fabrikbauten, welche in ihrer Fassadengestaltung auf verschiedene historische Stilelemente zurückgriffen, eine stattliche Anzahl. Dieser Trend hielt etwa bis in die 1920er Jahre an, wobei viele Bauensembles mitunter die Absicht verfolgten, ihre Überdekoration demonstrativ zur Schau zu tragen und durch eine gewisse Vulgarität in den Vordergrund zu treten.[63]

Zwischen 1870 und 1920 wurden freilich auch solche Fabrikbauten errichtet, welche sich entsprechende Bauwerke aus der ersten Hälfte des 19. Jahrhunderts zum Vorbild nahmen und sich dementsprechend durch ihre Schmucklosigkeit, stilistische Klarheit und Zweckmäßigkeit auszeichneten. Diese Zweckbauten galten ihrerseits als Musterbeispiele für die Fabrikarchitektur um und nach 1920, die ihrerseits insbesondere auf Einfachheit und Klarheit ausgelegt war.[64] Die ausschließlich dem Zweck der Warenproduktion dienenden Strukturen standen an der Jahrhundertwende stets im Schatten der wesentlich imposanteren und kostspieligeren „Industrieschlösser". Vielfach griffen lediglich unbedeutendere Bauten oder Anbauten auf diese klaren und einfachen Formen zurück, während sich die Hauptgebäude im Geiste der Gründerzeit einer teils spektakulären Schaufassade bedienten, um die Blicke der Kundschaft auf sich zu ziehen (Abb. 3.1).[65]

Nachdem es in den 1860er Jahren zu einer weitgehenden Gleichstellung von großbürgerlichem Unternehmertum und Adel gekommen war, ließen es sich viele Fabrikbesitzer nicht nehmen, ihre neue soziale Position in der Gesellschaft anhand möglichst repräsentativer Architektur zum Ausdruck zu bringen. Die in diesem Zuge entstandenen „Industrieschlösser" griffen durchweg auf historische Baustile zurück, wobei die Verwendung

---

[63] Pevsner, N./Flemming, J./Honour, H. (Hrsg.): Lexikon der Weltarchitektur. München 1971, S. 230 f.
[64] Bertsch, Ch.: Fabrikarchitektur. Entwicklung und Bedeutung einer Baugattung anhand Vorarlberger Beispiele des 19. und 20. Jahrhunderts. Braunschweig 1981, S. 26 f.
[65] Ebd., S. 27.

**Abb. 3.1**
*Oben: Schlossartige, mit historistischen Elementen ausgestattete Fabrik, welche vornehmlich nach außen wirken möchte; unten: Fabrikgebäude mit schlichter Frontfassade und auf Funktionalität ausgelegtem Baukörper.*

antiker, renaissancezeitlicher oder barocker Stilelemente in den Vordergrund trat. Aus heutiger Sicht werden derartige Ensembles oft als „unehrlich" oder „eklektizistisch" abgewertet. Wie Christoph Bertsch feststellt, „kann ihnen diese Beurteilung jedoch nicht gerecht werden. Sie müssen aus der Zeit des ausgehenden 19. Jahrhunderts heraus verstanden werden, sie sind gerade ein Spiegelbild dieser Epoche."[66]

Eine in vielerlei Hinsicht interessante Entwicklung vollzog sich im Zeitraum zwischen 1910 und 1914. Hier gelangten nämlich in der Fabrikarchitektur Bauten zum Vorschein, welche dem Jugendstil zugeordnet werden können. Diese innovative Stilrichtung, die in gleichem Maße auf Baukunst und bildende Künste ihren Einfluss auszuüben vermochte, war allerdings nur selten in reiner Ausprägung anzutreffen. Häufig stand sie in Verbindung mit einer eher bodenständigen, sehr stark vom Historismus geprägten Bautradition, wobei deutliche Einflüsse der Jugendstilzentren München und Wien erkennbar sind.[67] Die typische Jugendstilfabrik der Habsburgermonarchie vermochte sich perfekt in ihre Umgebung einzufügen und war demzufolge eher Platz sparend konzipiert. In ihrem Inneren verfügte sie über schlichte und klare Formen, welche unterstützend auf die Produktionseffizienz wirken sollten. Nach außen hin nahm sie sich in Bezug auf die Fassadengestaltung deutlich zurück und beschränkte sich dabei auf einfache geometrische und florale Zierelemente. Gerade diese zum Teil sehr einfache Ornamentik verlieh dem Bauwerk in den meisten Fällen eine gewisse Individualität und einen hohen Wiedererkennungswert.

Insgesamt kann die Feststellung getroffen werden, dass es an der Wende vom 19. zum 20. Jahrhundert verschiedene architektonische Ansätze bei der Realisierung von Fabrikbauten gab. Die Objekte wurden auch in zunehmendem Maß mit den Namen von Architekten und Baumeistern assoziiert. Dies hatte zur Folge, dass sich auch namhafte Architekten der Bedeutung der Bauaufgabe „Fabrik" bewusst wurden. Die Architektur mit ihren berühmten Vertretern beteiligte sich vermehrt an jenen Problemen und Aufgabenstellungen, welche im Rahmen der Industrialisierung zum Vorschein traten. Diese Entwicklung fand schließlich in den Aktivitäten von Werkbund und Bauhaus ihren Höhepunkt.[68]

---

[66]  Bertsch, Fabrikarchitektur (Anm. 64), S. 28.
[67]  Ebd., S. 31.
[68]  Ebd., S. 33.

## 3.2 Bedeutende Jugendstilfabriken in Österreich

In der untenstehenden Tabelle sind wichtige Fabrikstrukturen zusammengefasst, welche sich mit sehr unterschiedlicher Intensität der Formensprache des Jugendstils bedienen. Die Produktionsanlagen wurden allesamt zwischen 1908 und 1914 errichtet und weisen gegenwärtig einen sehr unterschiedlichen Erhaltungszustand auf. Während die von Julius Meinl gegründete Schokoladefabrik in Wien deutliche Veränderung der Außenfassade erfahren hat, zeichnen sich die übrigen in der Liste genannten Objekte durch ihre teils vorzügliche Konservierung aus, welche in manchen Fällen auf umfangreiche Sanierungsmaßnahmen, in anderen hingegen auf die kontinuierliche Gebäudenutzung zurückgeführt werden kann.

| Fabrik | Baujahr(e) | Bundesland | Gründer |
|---|---|---|---|
| Schokoladefabrik | 1913-1914 | Wien/Hütteldorf | Julius Meinl |
| Lederwarenfabrik | 1912-1914 | Wien/Hütteldorf | Johann Fröhlich |
| Städtischer Schlachthof | 1910-1911 | Kärnten | Stadt Klagenfurt |
| Klöppelspitzen-Fabrik | 1908 | Vorarlberg | Jakob Schallert |
| Stickereifabrik | 1911 | Vorarlberg | Alois Amann |
| Löwen-Brauerei | 1908-1909 | Vorarlberg | Albert Trunsperger |

**Tab. 3.1**
*Beispiele historischer Fabrikanlagen, welche mit mehr oder weniger hoher Intensität die Formensprache des Jugendstils nachzeichnen und deshalb in den nachfolgenden Abschnitten etwas genauer behandelt werden sollen.*

Bei genauerer Betrachtung der Tabelle fällt auch auf, dass in Vorarlberg eine gewisse Anhäufung von im Jugendstil gestalteten Fabrikensembles vorgefunden werden kann, wohingegen die übrigen Bundesländer diesbezüglich ein mehr oder weniger großes Defizit erkennen lassen. Gerade in Wien gibt es zahlreiche, unmittelbar vor dem Ersten Weltkrieg erbaute Produktionsanlagen, bei denen jedoch die gründerzeitliche, vornehmlich auf Repräsentation setzende Stilistik gegenüber dem innovativen Jugendstil den Vorzug erhielt.

### 3.2.1 Die Schokoladefabrik von Julius Meinl in Wien
■ Kurzer historischer Überblick ■

Die Gründung der Firma Julius Meinl datiert auf das Jahr 1862 zurück. Zum damaligen Zeitpunkt wurde ein Geschäftslokal am Laurenzerberg eröffnet. Aufgrund einer stetig steigenden Nachfrage nach Süßwaren kam es zu einer sprunghaften Erweiterung des Betriebes, so dass im Jahre 1901 bereits 16 Filialen bestanden und bis 1908 sogar 48 Geschäfte betrieben werden konnten. Im Jahre 1900 erfolgte auch der Eigenimport von Kaffee aus Übersee, wodurch das Unternehmen seinen Bekanntheitsgrad noch zusätzlich zu steigern vermochte.[69]

Die in der Heigerleinstraße ansässige Schokoladefabrik wurde im Jahre 1905 nach Plänen des Architekten Max Kropf errichtet und erfuhr im Laufe der nachfolgenden Jahrzehnte eine kontinuierliche Erweiterung. Für die bauliche Realisierung des Haupttraktes zeichneten die beiden Baumeister und Bauführer O. Laske und V. Fiala verantwortlich, wobei der neu entstandene Baukörper innerhalb kürzester Zeit vom Betrieb bezogen und genutzt werden konnte. Für die im Zuge der Errichtung notwendigen Stahlbetonarbeiten wurde das Betonbauunternehmen N. Rella & Neffe herangezogen.[70]

Die Hinzufügung von weiteren Fabrikobjekten erfolgte bis zum Jahre 1966, was bis zu einem gewissen Grad die Prosperität des Unternehmens in der Nachkriegszeit widerspiegelt. In den 1970er Jahren wurde die Seitenfassade des Hauptgebäudes in Bezug auf ihr Erscheinungsbild stark verändert, so dass nur noch die Hauptfassade in ihrer ursprünglichen Form erhalten ist. Das Fabrikgebäude wurde vor etlichen Jahren stillgelegt und dient heute als großzügig konzipierte Wohnanlage mit entsprechender wirtschaftshistorischer Vergangenheit.

■ Architektur des Fabrikensembles ■

Das Hauptgebäude der ehemaligen Schokoladefabrik repräsentiert einen viergeschossigen, kubischen Baublock, der von einem Walmdach bekrönt wird. Die regelmäßige Fassadengliederung mit den in zahlreichen Achsen angeordneten Segmentbogenfenstern nimmt noch deutliche Anleihen an

---

[69]  Wehdorn, M./Georgeacopol-Winischhofer, U.: Baudenkmäler der Technik und Industrie in Österreich. 1. Wien, Niederösterreich, Burgenland. Wien 1984, S. 74; Mentschl, J.: Österreichische Wirtschaftspioniere. Wien 1959, S. 144-150.

[70]  Wehdorn/Georgeacopol-Winischhofer, Baudenkmäler der Technik und Industrie 1 (Anm. 69), S. 74.

der gründerzeitlichen Architektur. Während Erdgeschoss und erste Etage durch eine horizontale Bänderung ihre Zusammenfassung erfahren, bewirken jene senkrecht angeordneten Dekorfliesen in den oberen Geschossen eine pfeilerartige Gliederung. Diese Fliesen sind hinsichtlich ihrer Gestaltung sehr deutlich an den Jugendstil angelehnt. Ähnliches gilt auch für die über das weit vorkragende Dach ragenden Türmchen, die eine reiche Verzierung aufweisen und lediglich eine dekorative Funktion erfüllen. Besonders auffällig sind die an der Gesimsunterseite platzierten Ornamente, welche die Zierfliesen der Vorderfront ergänzen und eine gewisse Verspieltheit erkennen lassen (Abb. 3.2).

**Abb. 3.2**
*Ehemalige Schokoladefabrik der Firma Julius Meinl in der Heigerleinstraße. Das Gebäude verfügt über eine im strengen Stil gehaltene Grundarchitektur, welche durch Zierelemente des Jugendstils (Dekorfliesen) ergänzt wird.*

Das Gebäudeinnere war ursprünglich von großen, in den einzelnen Geschossen gelegenen Fabrikationshallen gekennzeichnet, welche über ein sehr dekorativ gestaltetes Stiegenhaus erreicht werden konnten. Hinsichtlich seiner technischen Ausstattung gilt das Fabrikgebäude als einfacher Ziegelbau, wobei Fundamente und tragende Elemente aus Portlandzement-Stampfbeton gefertigt wurden. Die Geschossdecken bestehen größtenteils ebenfalls aus Beton, mussten jedoch im Laufe der Jahrzehnte infolge der stetig steigenden Belastung nachhaltig verstärkt werden. Die Dachkonstruktion umfasst einen Holzdachstuhl und darauf ruhende Blechelemente. Der Sockel des Gebäudes ist mit Bruchsteinen verkleidet, während das aufgehende Mauerwerk an der Vorderseite mit keramischen Fliesen geschmückt ist. Die im Gebäudeinneren befindlichen Fußböden sind mit keramischen Platten belegt, wohingegen die Stiegenpodeste eine Pflasterung mitgemusterten Fliesen erfuhren.[71]

---

[71] Wehdorn/Georgeacopol-Winischhofer, Baudenkmäler der Technik und Industrie 1 (Anm. 69), S. 74; Paul, M.: Technischer Führer durch Wien. Wien 1910, S. 592.

■ Industriearchäologische Wertanalyse ■

Die ehemalige Schokoladefabrik der Julius Meinl AG repräsentiert im Allgemeinen einen Nutzbau der Wiener Fabriklandschaft, der sich durch seinen hohen Wiedererkennungswert auszeichnet. Dieser Umstand ist nicht zuletzt auf die noch teilweise erhaltene Fliesenverkleidung des Jugendstils zurückzuführen. Es gilt aus industriearchäologischer Sicht als sehr bedauerlich, dass der Fassadenschmuck nicht zur Gänze erhalten werden konnte, da derartige Beispiele des Jugendstils in Wien nur über eine geringe Verbreitung verfügen. Eine nachhaltige Konservierung des Bauwerkes ist dringend anzuraten.

### 3.2.1 Der Fröhlichhof im 15. Wiener Bezirk

■ Kurzer historischer Überblick ■

Der noch heute in großen Teilen existente Fröhlichhof in der Hütteldorfer Straße 44-46 beherbergte einst eine Koffer- und Lederwarenfabrik, deren Gründung im Jahre 1873 durch den Waldviertler Johann Fröhlich erfolgte. In seiner Anfangszeit zeichnete sich das Unternehmen durch einen mehrmaligen Wechsel des Produktionsstandortes aus, was vor allem darauf zurückzuführen war, dass die Werkstätten einer ständigen Erweiterung und Modernisierung unterzogen werden mussten. Im Jahre 1890 trat Johann Fröhlichs älterer Sohn Anton als gelernter Taschner in den Betrieb ein, während der jüngere Filius Leopold ab 1907 die kommerzielle Leitung des Unternehmens übernahm. Ab 1910 befand sich die unternehmerische Verantwortung nur noch in den Händen der Söhne, welche die Firma zu einer offenen Handelsgesellschaft umwandelten.[72]

Nach Erwerb eines großen Baugrundes an der Hütteldorfer Straße kam es mit behördlicher Bewilligung vom 17. August 1912 schließlich zur Errichtung eines mehrgeschossigen Werkstätten- und Wohngebäudes, in welchen man eine im Vergleich zu früheren Zeiten deutlich höhere Produktionskapazität erzielen konnte. Die Fabrikanlage wurde vom Wiener Architekten Leopold Ettmayr geplant, wohingegen die Baumeisterarbeiten in der Verantwortung von Karl Lubowsky lagen. Die Firma Pittel & Brausewetter wurde mit der Ausführung der Stahlbetonkonstruktion betraut. Die Eröffnung des Betriebs datierte auf den 20. April 1914. In der Zwischenkriegszeit kam es insbesondere zum Ausbau der Produktion von

---

[72] Wehdorn/Georgeacopol-Winischhofer, Baudenkmäler der Technik und Industrie in Österreich 1 (Anm. 69), S. 70.

Hartplatten- und Vulkanfiberkoffern, welche bis in die 1970er Jahre erzeugt wurden. In den Jahren 1937/38 erfuhr das Unternehmen eine neuerliche Erweiterung, um den stetig steigenden Export von Koffern und Lederwaren in zufriedenstellendem Maße abdecken zu können. Nach dem Zweiten Weltkrieg übernahmen Anton Fröhlich und seine Kusine Margarete die Leitung des Betriebs, der bis zum Jahre 1978 weitergeführt werden konnte. Nach dem Verkauf der Fabrikanlage erfolgte der Abriss der Hoftrakte und Werkstättengebäude. Der frei werdende Platz wurde neu verbaut, so dass sich der Fröhlichhof heute als attraktives Wohn- und Bürogebäude im 15. Gemeindebezirk präsentiert.[73]

**Abb. 3.3**
*Zentraler Mittelrisalit des Fröhlichhofes mit seinen elf Fensterachsen und der aufwendig gestalteten Dachkonstruktion. Der Dachgeschossgiebel zeigt mit seiner fünfgliedrigen Fensterreihe eine ungewöhnliche Präsenz.*

### ■ Architektur des Fabrikensembles ■

Die ehemaliger Koffer- und Lederwarenfabrik bestand ursprünglich aus einem Werkstätten- und Lagertrakt im rückwärtigen Bereich und dem repräsentativen Fröhlichhof an der Hauptstraße. Bei den Arbeits- und Lagergebäuden handelte es sich um relativ einfach gehaltene dreigeschossige Strukturen mit Flachdach. Der Fröhlichhof selbst, welcher einst Woh-

---

[73]   Bundesdenkmalamt (Hrsg.): Dehio-Handbuch: Die Kunstdenkmäler Österreichs. Wien X. bis XIX. und XXI. bis XXIII. Bezirk. Wien 1996, S. 357; Czeike, F.: Rudolfsheim-Fünfhaus (Wiener Bezirkskulturführer, Bd. 15). Wien u. a. 1980, S. 24.

nungen und Werkstätten beinhaltete, stellt einen langgestreckten Baukörper mit insgesamt vier Stockwerken dar. Seine Hauptfront folgt dem geknickten Straßenverlauf und verfügt in der Außensicht über einen imposanten elfachsigen Mittelrisalit, der für eine Untergliederung des Gebäudes in drei Abschnitte sorgt. Während der Mittelteil von einem steilen Mansarddach bekrönt wird und sich weiters durch einen stark akzentuierten Dachgeschossgiebel auszeichnet, besitzen die seitlichen Abschnitte Satteldächer mit abgetreppter Firsthöhe. Der Risalit erfährt durch kleine Quergiebel, welche zusätzlich auf beiden Seiten in Form eines Mansarddachs auftreten, eine weitere Betonung (Abb. 3.4).[74]

**Abb. 3.4**
*Detailansicht der Hauptfassade des Fröhlichhofs mit entsprechenden Ornamentbändern und Reliefs zwischen den Rechteckfenstern. Die Gestaltung des Fassadenschmucks ist sehr stark an die Formensprache des Jugendstils angelehnt, womit dem Gebäude in kunsthistorischer Hinsicht eine besondere Bedeutung zukommt.*

Der Fröhlichhof repräsentiert ein aus Ziegelmauerwerk und Putzfassaden bestehendes Gebäude. Für die Geschossdecken wurden zum Teil Ziegelgewölbe mit quadratischen Stahlbetonstützen verwendet. Die durchweg aus Holz gefertigten Dachstühle trugen ursprünglich eine Dachdeckung aus Ziegeln, welche jedoch in näherer Vergangenheit durch neuere Materialien ersetzt wurde. Von besonderem Interesse ist sicherlich die Hauptfassade des ehemaligen Fabrikgebäudes, die sich durch ihre rasterartige Gestaltung auszeichnet und über großflächige Rechteckfenster verfügt. Die zwischen den Fenstern verlaufende Putzbänderung zeigt eine Vielzahl an pflanzlichen Motiven und ist demzufolge sehr deutlich an die Formensprache des Jugendstils angelehnt. Die dem Jugendstil verbundene Außengestaltung steht in einem gewissen Kontrast zum Gesamterscheinungsbild des Bauensembles, welches noch sehr stark an die Gründerzeit erinnert.

---

[74] Achleitner, F.: Österreichische Architektur im 20. Jahrhundert. Band III/2 Wien 13. – 18. Bezirk. Salzburg 1995, S. 145; Wehdorn/Georgeacopol-Winischhofer, Baudenkmäler der Technik und Industrie in Österreich 1 (Anm. 69), S. 70.

■ Industriearchäologische Wertanalyse ■

Der Fröhlichhof stellt eine der bedeutendsten Wiener Fabrikanlagen des frühen 20. Jahrhunderts dar und prägt noch heute das Straßenbild des Gemeindebezirks Fünfhaus. Vonseiten der Industriearchäologie kann er insofern als Schlüsselbau bewertet werden, als er eine Schnittstelle zwischen gründerzeitlicher Architektur auf der einen Seite und ausgeprägter Jugendstilornamentik auf der anderen repräsentiert. Da das Gebäude auch gegenwärtig noch einer sinnvollen Nutzung zugeführt wird, kann dessen nachhaltige Konservierung als gesichert betrachtet werden.

### 3.2.3 Der städtische Schlachthof in Klagenfurt
■ Kurzer historischer Überblick ■

Bereits im Jahre 1856 wurde in Klagenfurt aufgrund des stetig steigenden Fleischkonsums der städtischen Bevölkerung der Bau eines Schlachthauses ins Auge gefasst, welcher fabrikähnliche Dimensionen besitzen sollte. Das Projekt wurde zunächst abgelehnt, da man in der Stadtregierung die Installation einer Fleischfabrik als „nicht nötig" erachtete. Zudem traten bei der Abtrennung der käuflich erworbenen Parzellen vom Nachbarsgrundstück erhebliche Streitigkeiten zutage, welche sich über einen Zeitraum von mehr als zwei Jahrzehnten erstreckten. Als man im Jahre 1881 erneut an die Errichtung des Schlachthofes dachte, wurde das Bauvorhaben von der Tuchfabrik Gebrüder Ritter von Moro torpediert, da diese erhebliche Bedenken wegen einer möglichen Wasserverschmutzung der Glan durch den großen Fleischereibetrieb anmeldete.[75]

Im Jahre 1907 wurde ein neuerlicher Anlauf in Bezug auf die Realisierung einer Fleischfabrik in Klagenfurt unternommen, wobei verschiedene Bauplätze für die Anlage in Erwägung gezogen wurden. Ein erstes, von Ingenieur Rudolf Wondracek konzipiertes Bauprojekt gelangte im Dezember 1909 zwar zur Vorlage, jedoch in weiterer Folge nicht zur Verwirklichung. Daraufhin wurde der Architekt Carl Kleinert aus Wiesbaden, welcher ein ausgewiesener Fachmann für Schlachthöfe, Viehmärkte und Markthallen war, mit der Planung und Durchführung des Bauvorhabens betraut. Nach Einreichung der Baupläne am 1. April 1910 wurde unverzüglich mit der Umsetzung des Projektes begonnen. Am 30. Oktober 1911 erfolgte schließlich die Eröffnung des städtischen Schlachthofs; ab diesem Tag

---

[75] Wehdorn et al., Baudenkmäler der Technik und Industrie in Österreich 2 (Anm. 49), S. 174.

mussten private Schlachtungen ausschließlich in der von der Stadt Klagenfurt zur Verfügung gestellten Anlage durchgeführt werden. Im Jahre 1924 wurde dieser Schlachthofzwang auch auf die umliegenden Gemeinden ausgedehnt.[76]

In den 1970er Jahren wurde der Schlachthof einer umfassenden Modernisierung unterzogen, wobei insbesondere die Systemleitung im Wasserturm eine Erneuerung erfuhr. Im Jahre 1984 wurde der Turm außer Funktion gesetzt und durch ein wesentlich moderneres Wasserversorgungssystem ersetzt. Etwa zeitgleich kam es auch zur Errichtung eines ebenerdigen, der Verkehrshalle vorgelagerten Zubaus.[77]

### ■ Architektur des Fabrikensembles ■

Als Eingang zum Bauensemble des städtischen Schlachthofes dient ein breites, mit Bogen und giebelartigen Ornamenten gestaltetes Tor, auf welchem die namentliche Bezeichnung der Anlage vorliegt. Bei Eintritt in die Liegenschaft passiert man rechter Hand das im Landhausstil konzipierte Direktionsgebäude und linker Hand das sogenannte Restaurationsgebäude. Im Zentrum des Schlachthofareals sind diverse Schlachthallen,

**Abb. 3.5**
*Städtischer Schlachthof in Klagenfurt mit imposantem Wasserturm im Hintergrund. Die im Jahre 1911 errichtete Anlage verfügt über eine Schlachthalle für Groß- und Kleinvieh, eine Verkehrshalle und diverse Kühlraume. Einzelne Elemente dieses Bauensembles besitzen eine großzügige dekorative Gestaltung mit schlichten Formen des Jugendstils.*

---

[76] Wehdorn et al., Baudenkmäler der Technik und Industrie in Österreich 2 (Anm. 49), S. 174.
[77] Ebd., S. 174.

die Verkehrshalle, die Kühlanlagen und der achteckige Wasserturm positioniert. Bei der zuletzt genannten Struktur handelt es sich um einen Stahlbetonbau mit Plattenbalkendecken, welcher über einen kuppelförmigen Holzdachstuhl und eine Blecheindeckung verfügt. Die einzelnen Geschosse des Turms sind über eine altertümlich anmutende Holztreppe erreichbar. Neben einem zylindrischen Warmwasserbehälter (Fassungsvermögen: 12 Kubikmeter) liegt auch ein quaderförmiger Kaltwasserbehälter (Fassungsvermögen: 75 Kubikmeter) vor. Beide Gefäße setzen sich aus genietetem Eisenblech zusammen. Die neben dem Wasserturm befindliche Verkehrshalle besitzt ein aus genagelten Holzbogenbindern bestehendes Stephansdach (Abb. 3.5, 3.6).[78]

**Abb. 3.6**
*Eingangsbereich des städtischen Schlachthofes mit geschwungenen Formen und Zierelementen des Jugendstils.*

### ■ Industriearchäologische Wertanalyse ■
Das geschlossene Ensemble des Schlachthofs weist zahlreiche Dekorelemente des Jugendstils auf, wodurch es eine übergeordnete kunsthistorische und industriearchäologische Stellung erhält und zu einem besonders schützenswerten Baukörper avanciert.

---

[78] Achleitner, Österreichische Architektur im 20. Jahrhundert II (Anm. 51), S. 56.

### 3.2.4 Die Stickerei- und Klöppelspitzenfabrik Schallert in Nenzing
■ Kurzer historischer Überblick ■

Der Beginn dieses Unternehmens datiert in das Jahr 1884, als Jakob Schallert eine kleine mechanische Stickerei in Nenzing gründete. Aufgrund der positiven ökonomischen Entwicklung in Vorarlberg und einer damit verbundenen steigenden Nachfrage nach Textilwaren ließ Ferdinand Schallert, der Sohn Jakob Schallerts, fünf Jahre später eine wesentlich größere Stickereifabrik auf der ehemaligen Parzelle Nagrand, welche der heutigen Bahnhofstraße in Nenzing entspricht, errichten. Dieses Produktionsgebäude zeichnete sich ursprünglich durch eine Länge von 24 Metern aus, wurde jedoch 1907 um weitere 13 Meter und 1941 nochmals um weitere 14 Meter verlängert. Das Werk wurde von Anfang an mit elektrischer Energie betrieben, wobei die Wasserkraft der in unmittelbarer Nähe fließenden Meng zur Nutzung gelangte. Ein von diesem Gewässer abzweigender Kanal, welcher bereits die benachbarte Metallwarenfabrik Schatzmann mit Triebwasser für die Schaufelräder versorgte, wurde bis zum Turbinenhaus des Stickereibetriebes verlängert.[79]

Nachdem das Unternehmen bereits zu Beginn des 20. Jahrhunderts große Erfolge erzielt und bis weit über die Grenzen Vorarlbergs hinaus Bekanntheit erlangt hatte, verständigten sich die Besitzer des Betriebes auf den Bau eines repräsentativen Verwaltungsgebäudes. Dieses wurde schließlich im Jahre 1908 nach Plänen des bekannten Architekten Hanns Kornberger in der Bahnhofstraße errichtet. Das noch heute erhaltene Haus zeichnet sich durch seine zahlreichen auf der Hauptfassade platzierten Jugendstilelemente aus. In den frühen 1920er Jahren kam es trotz Wirtschaftskrise zum Umbau der Villa Schallert nach Entwürfen von Willibald Braun. Zur Erzielung eines höheren Wiedererkennungswertes wurde das Wohnhaus der Familie in einen eindrucksvollen Bau im Landhausstil umstrukturiert.[80]

Im Jahre 1925 erfolgte der Umbau der Stickerei Schallert zu einer Klöppelspitzenfabrik. In den 1930er Jahren beherbergte die Fabrik insgesamt 83 Klöppelmaschinen, womit sie über den größten Maschinenpark dieser Branche in ganz Österreich verfügte. Nachdem in der Nachkriegszeit die Nachfrage nach Klöppelwaren rapide gesunken war, wurde im Jahre 1967

---

[79]  Motter, B./Grabherr-Schneider, B.: Orte – Fabriken – Geschichten: 188 historische Industriebauten in Vorarlberg. Innsbruck/Wien 2014, S. 276.
[80]  Ebd., S. 277.

die Produktion eingestellt. Die Räumlichkeiten des Fabrikgebäudes wurden in der Folgezeit durch die Firma Bürkert genutzt, welche auf die Herstellung von Magnetventilen spezialisiert war. Die Firma Jakob Schallert & Söhne blieb als einfacher Stickereibetrieb bis 2010 bestehen, wobei man sich auf die Beschäftigung von Lohnstickern verständigte. Die ehemalige Fabrikhalle wurde nach dem Intermezzo der Firma Bürkert von 1974 bis in die 1990er Jahre als Unterbringung für einen Lebensmittelmarkt verwendet, fiel jedoch schließlich im Jahre 1995 der Abrissbirne zum Opfer. Heute ist auf dem Grundstück an der Bahnhofstraße ein moderner Spar-Supermarkt platziert.[81]

## ■ Architektur des Fabrikensembles ■

Das nicht mehr bestehende Fabrikgebäude des Unternehmens zeichnete sich Bildquellen zufolge durch seinen eher schlicht gehaltenen Baustil aus. Die ursprüngliche, an das Ende des 19. Jahrhunderts datierende Struktur verfügte über zwei Etagen mit Segmentbogenfenstern im Untergeschoss beziehungsweise Rechteckfenstern im Obergeschoss. Als oberer Abschluss des Gebäudetraktes diente ein einfaches Satteldach. Durch zwei unmittelbar hintereinander folgende Quertrakte kam es jeweils zu einer kreuzförmigen Verschachtelung der Dachkonstruktion. Der Eingangsbereich zeichnete sich durch zwei, die Seitenfassade hingegen durch neun Fensterachsen aus. Die beiden an die Originalstruktur angestückelten Gebäudesegmente folgten hinsichtlich ihrer Stilistik größtenteils dem Altbau, wurden aber mit einem noch schlichteren Flachdach versehen. Hier wurde zur Gänze auf ein als Lager oder Wohnraum dienendes Obergeschoss verzichtet (Abb. 3.7).

Wesentlich interessanter als die Fabrikhalle gestaltet sich freilich das im Jahre 1908 errichtete Verwaltungsgebäude, welches bis zum heutigen Tag genutzt wird. Hierbei handelt es sich um eine Baustruktur mit annähernd quadratischem Grundriss, welche durch ein aufwendig gestaltetes Mansarddach ihren vertikalen Abschluss erfährt. Die Vorderseite des zweigeschossigen Hauses ist durch zwei seitliche Fensterachsen mit Rechteckfenstern und durch einen Mittelrisalit mit portalartigem Eingang und drei dicht nebeneinander platzierten Fensterachsen gekennzeichnet. Der Mitteltrakt weist gegenüber den lateralen Gebäudeabschnitten eine

---

[81]  Motter/Grabherr-Schneider, Orte – Fabriken – Geschichten (Anm. 79), S. 277.

deutliche Erhöhung auf. Die Seitenfassade zeigt jeweils zwei Fensterachsen und ein zentrales Mansardenfenster (Abb. 3.8).

**Abb. 3.7**
*Ehemaliges, nicht mehr vorhandenes Produktionsgebäude der Stickerei-
und Klöppelspitzenfabrik Schallert in Nenzing. Zum alten Gebäudetrakt
mit Satteldach (vorne) wurde in zwei Bauphasen ein insgesamt 27 Meter
langer Anbau mit Flachdach (hinten) hinzugefügt. An der Stelle der Produktionshalle steht heute ein moderner Supermarkt.*

Front- und Seitenfassade des Verwaltungsgebäudes sind mit zahlreichen
Jugendstilornamenten geschmückt, womit der Baustruktur eine besondere kunsthistorische Wertigkeit zuteilwird. Hier wechseln sich in einzelnen
Feldern organisierte bogen- und rautenförmige Muster mit einfachen
Kreisen und Ellipsen ab, so dass in Summe eine gewisse Formenvariation
entsteht. Diese wird noch zusätzlich durch Girlandenmotive unterhalb des
Gesimses und zwischen den Fensterreihen verstärkt. Die hölzerne Eingangstür verfügt in ihrem oberen Bereich über metallische Applikationen,
welche die Jugendstilornamente der vorderen Fassade zum Teil nachzeichnen (Abb. 3.9). Der Souterrain-Bereich des Gebäudes besitzt an der
Vorderseite sechs Fensterachsen, die in ihrer Breite insgesamt den Fenstern der darüber liegenden Geschosse entsprechen und mit gleich gestalteten Metallgittern ausgestattet sind.[82]

---

[82]    Bertsch, Fabrikarchitektur (Anm. 64), S. 32, Kat.-Nr. 57.

**Abb. 3.8**
*Ehemaliges Verwaltungsgebäude der Stickerei- und Klöppelspitzenfabrik Schallert. Die Fassade und die Eingangstür des von Hanns Kornberger gestalteten Bauwerks zeichnen sich durch zahlreiche in ihrer Form variable Jugendstilornamente aus.*

### ■ Industriearchäologische Wertanalyse ■

Das auch gegenwärtig noch in Verwendung stehende Verwaltungsgebäude der ehemaligen Stickerei- und Klöppelspitzenfabrik Schallert stellt eines der wenigen Jugendstilbauwerke in der Vorarlberger Industrielandschaft des angehenden 20. Jahrhunderts dar. Das von Hanns Kornberger gestaltete Haus zeichnet sich durch eine gewisse Vielfalt an Jugendstilornamenten aus und liegt glücklicherweise noch im Originalzustand vor. Aus industriearchäologischer und wirtschaftshistorischer Sicht repräsentiert das Verwaltungsgebäude ein einzigartiges bauliches Dokument für die ökonomische Entwicklung der Region, welche am Ende des 19. Jahrhunderts mit der Elektrifizierung der Produktionsmaschinen einen nochmaligen Schub erfuhr. Zahlreiche Unternehmen konnten sich bis weit in die Nachkriegszeit auf dem Markt behaupten, gingen aber schließlich durch den immer stärker werdenden Druck der internationalen Konkurrenz zu Bruch. Die noch erhaltenen Baustrukturen dieser Industriebetriebe gelten als bedeutende Zeugnisse einer Phase wirtschaftlicher Prosperität, von denen Vorarlberg bis heute zu profitieren vermag.

**Abb. 3.9**
*Detaillierterer Blick auf den Eingangsbereich des Verwaltungsgebäudes. Die hölzerne Tür ist mit deutlichen Jugendstilornamenten verziert, während oberhalb des polygonalen Türrahmens drei Felder mit rautenförmigen Elementen erkennbar sind. Insgesamt vermag die Fassade gleichermaßen durch ihre Schlichtheit und ihren Mut zur Innovation zu überzeugen.*

### 3.2.5 Die Stickerei Amann in Hohenems
■ Kurzer historischer Überblick ■

Die Gründung des Stickereiunternehmens im Jahre 1897 erfolgte durch Alois Amann, einen Hohenemser Fergger und späteren christlich-sozialen Politiker. Amann stammte ursprünglich aus sehr einfachen Verhältnissen, konnte sich jedoch in der Gesellschaft ein gewisses Ansehen erwerben, als es ihm gelang, mit relativ geringem Anfangskapital einen konkurrenzfähigen Industriebetrieb aufzubauen. Bereits Ende des 19. Jahrhunderts gelangte zwischen Andreas-Hofer-Straße und Kaiserin-Elisabeth-Straße ein einstöckiges Fabrikgebäude mit flachem Satteldach und erhöhtem Mittelteil zur Errichtung. Diese heute nicht mehr existente Werkshalle erfuhr im Jahre 1902 eine signifikante Erweiterung und 1906 ihre Vollendung.[83]

Jenes Industriegebäude, welches noch heute die Bahnhofstraße von Hohenems prägt, wurde im Jahre 1911 von Hanns Kornberger geplant und von Baumeister Josef Schöch errichtet. Es weist etliche Merkmale des Jugendstils auf und ist deshalb im Zusammenhang mit dieser Abhandlung von besonderem Interesse. Zwischen der alten und der neuen Fabrik war historischen Bildquellen zufolge eine kleine Parkanlage gelegen, welche den Arbeitern und Arbeiterinnen in den Pausen ein wenig Erholung bieten konnte. Das Jugendstilgebäude gliedert sich in einen dreigeschossigen Trakt, welcher die Betriebsleitung beherbergte, und eine nördlich daran anschließende, zweigeschossige Produktionshalle.[84]

Das von Alois Amann gegründete Unternehmen war ursprünglich auf die Produktion von Damenwäsche und verschiedensten Stickereiwaren spezialisiert. In den 1960er Jahren erfolgte aufgrund einer deutlich gestiegenen Nachfrage eine Expansion des Betriebes, wobei eine Niederlassung in Feldkirch-Altenstadt eröffnet und eine weitere Fabrik in der Hochquellenstraße in Hohenems errichtet wurde. Im Jahre 1986 erfolgte schließlich der vollständige wirtschaftliche Absturz des Unternehmens mit daraus resultierender Anmeldung zum Konkurs. Die Stickereifabrik gelangte zunächst in das Eigentum der Stadt Hohenems, wurde jedoch in weiterer Folge an das Wirtschaftsförderungsinstitut (WIFI) verkauft. Dieses nutzt seit 1992 die Räumlichkeiten für diverse Fortbildungsseminare und ließ an der Ostseite des Ensembles einen Backsteinbau errichten.

### ■ Architektur des Fabrikensembles ■

Jenes Fabrikensemble, welches bereits Ende des 19. Jahrhunderts zur Realisierung gelangt war, lässt sich heute nur noch mithilfe geeigneter Bildquellen beschreiben (Abb. 3.10). Demnach repräsentierte die alte Pro-

---

[83] Motter/Grabherr-Schneider, Orte – Fabriken – Geschichten (Anm. 79), S. 204 f.
[84] Ebd., S. 205.

duktionshalle einen langgestreckten, einstöckigen Bau mit flachem Satteldach, welcher in der Mitte über einen zweigeschossigen, ebenfalls mit Satteldach bedeckten Quertrakt verfügte. Dieser als Eingangsbereich fungierende Gebäudeabschnitt teilte die mit zahlreichen Segmentbogenfenstern versehene Werkshalle in zwei gleich große Bereiche. Schornsteine im Hintergrund des alten Bauwerks deuten darauf hin, dass der Betrieb der Maschinen zum damaligen Zeitpunkt noch unter Zuhilfenahme von mit Holz- und Kohle betriebenen Dampfmaschinen erfolgte.

**Abb. 3.10**
*Historische Abbildung der Stickereifabrik Amann in Hohenems mit alter Produktionsstruktur im Hintergrund und neuem Industriegebäude im Vordergrund. Inmitten des Areals befand sich ein Park, welcher von der Belegschaft des Unternehmens zur kurzzeitigen Erholung genutzt werden konnte. Während der in der Anfangszeit des Betriebs entstandene Altbau heute nicht mehr existiert, befindet sich die im Jugendstil gestaltete neue Fabrik nach wie vor in gutem Zustand, wobei sie zur Zeit als Unterbringung für das Wirtschaftsförderungsinstitut dient.*

Das neue Fabrikgebäude, welches von Hanns Kornberger konzipiert wurde, wurde als dreigeschossige Struktur über einem quadratischen Grundriss errichtet und weist – wenn man so will – eine tetragonale Rotationssymmetrie auf. In Analogie zum oben besprochenen Verwaltungsgebäude der Stickerei Schallert wird es nach oben hin von einem Mansardenwalmdach abgeschlossen. Die Dachzone wird an drei Gebäudeseiten von Schleppgauben unterbrochen, deren Wandflächen von rhombenförmigen Elementen geschmückt werden. Über den Schleppgauben befinden sich noch sogenannte Fledermausgauben, welche sich ihrerseits durch stehende ovale Fensteröffnungen auszeichnen. Diese wiederum werden durch Fensterstäbe in Rhombenform unterteilt. An der Nordseite des in der Formsprache des Jugendstils gestalteten Traktes schließt ein fünfachsiger Längstrakt an, der ebenfalls über ein Mansardenwalmdach verfügt. Das Dach dieses nur mehr zwei Stockwerke umfassenden Abschnitts wird wiederum von Schleppgaupen und angedeuteten Fledermausgaupen durchbrochen (Abb. 3.11).[85]

**Abb. 3.11**
*Neue Produktionshalle der ehemaligen Stickereifabrik Amann in Hohenems mit ihrer aufwendigen Dachgestaltung, welche zahlreiche Jugendstilornamente enthält.*

### ■ Industriearchäologische Wertanalyse ■

Die ehemalige Stickereifabrik Amann in Hohenems verfügte über eine im Jugendstil gestaltete Produktionshalle, welche noch heute das Stadtbild zu prägen vermag. Aus industriearchäologischer Sicht ist diesem Um-

---

[85]  Bertsch, Fabrikarchitektur (Anm. 64), S. 32.

stand besonders hohe Bedeutung zuzumessen, da die zu Beginn des 20. Jahrhunderts etablierte Stilrichtung nur in wenige Werksgebäude ihren Eingang fand und sich eher auf Wohn- und Verwaltungsbauten beschränkte. Eine langfristige Erhaltung der für die Wirtschaftsgeschichte Vorarlbergs so wichtigen Baustruktur sollte demnach höchste Priorität besitzen, wobei sich das Bauwerk aufgrund seiner großzügigen Raumgestaltung für vielerlei Zwecke verwenden lässt.

### 3.2.6 Die Löwen-Brauerei in Bregenz
■ **Kurzer historischer Überblick** ■

Das am Kornmarkt befindliche Brauereigebäude produzierte das Bier ursprünglich sowohl für die einheimische Bevölkerung als auch für Sommerfrischler aus den benachbarten Regionen. Zur Lagerung des Gerstensaftes diente ein im nahegelegenen Thalbach in den Hang hineingetriebener Keller, wo Sommer und Winter eine gleichmäßige Temperatur von 8 Grad vorherrschte. Die Geschichte der Löwen-Brauerei beginnt im Jahre 1908, als der Löwen-Wirt Albert Trunsperger sich aufgrund der Marktentwicklung zur Errichtung einer Bierfabrik veranlasst sah. Bereits kurz nach seiner Entstehung avancierte der „Löwen" zur umsatzstärksten Brauerei in Bregenz. Dies hatte unter anderem zur Folge, dass der Lagerkeller im Thalbach sehr frühzeitig mit einer Eiskühlung ausgestattet wurde. Das dafür notwendige Eis wurde im Winter am sogenannten Eisgalgen, welcher sich gleich nebenan befand, gewonnen, weil es zu jener Zeit noch keine Eismaschinen gab. In ihren besten Zeiten produzierte die Brauerei eine jährliche Biermenge von bis zu 5.000 Hektolitern, womit sie in Vorarlberg zwar einen „Big Player" repräsentierte, überregional jedoch eher noch kleine Maßstäbe annahm.

Im Jahre 1940 wurde in der Brauerei eine für damalige Verhältnisse hochmoderne Flaschenabfüllanlage installiert, die zur Füllung von 1.200 Flaschen pro Stunde befähigt war. Dreizehn Jahre später wurden die hölzernen Lagerfässer durch emaillierte Stahltanks ersetzt. In den späten 1950er Jahren ging das Geschäft der Brauerei deutlich zurück; viele kleinere Betriebe konnten mit ihren großen Konkurrenten nicht mithalten und mussten deshalb nach mehr oder weniger langem Überlebenskampf zusperren. Die Löwen-Brauerei verfügte zu dieser Zeit über eine Kapazität von 6.000 Hektolitern, produzierte aber aufgrund des immer härter werdenden Wettbewerbs nur noch 2.700 Hektoliter Bier. Dieser Einbruch des

Absatzes hielt die Besitzer keineswegs von Modernisierungen und Pla-
nungen neuer Anbauten ab. Zu Beginn der 1960er Jahre fiel die Brauerei
unter die Leitung von Heinz Steinfels, der den Betrieb noch einige Jahre
weiterführen konnte. Nach Einstellung der Bierproduktion im Jahre 1964
übernahm die Mohrenbrauerei die Braurechte; fünf Jahre später wurde
die Liegenschaft an die Familie Breiner verkauft. Vor wenigen Jahren wurde die im Jugendstil errichtete Bierfabrik von den störenden Zubauten
befreit und in eine moderne Wohnanlage umgewandelt. Dabei wurde besonderer Wert auf die Erhaltung des Wanddekors und die Konservierung
des einzigartigen Tonnengewölbes im Bierkeller gelegt.

### ■ Architektur des Fabrikensembles ■
Die Errichtung der Brauerei erfolgte nach Plänen des Ulmer Architekten-
büros Hägele & Meyer. Dabei wurde auf die Verwendung von Jugendstilornamenten in ihrer reinen Form besonderer Wert gelegt. Bis in die
2000er Jahre hinein befand sich das ehemalige Fabrikgebäude in einem
sehr schlechten baulichen Zustand, wobei vor allem die Veränderungen
an verschiedenen Fenstern zum Teil zu dessen Entstellung geführt haben.
Der ursprüngliche auf das Jahr 1908/09 datierende Bau ist durch einen
geschweiften Volutengiebel gekennzeichnet, während abgestufte Rahmenornamente die Wandfläche zieren. Der Dacherker auf der Breitseite
verfügt über eine reich ausschweifende Blendfassade, wobei der Übergang zum Giebeldach durch die Verwendung von Tropfornamenten seine spezielle Betonung erfährt (Abb. 3.12).[86]
Das viergeschossige Gebäude zeigt an seiner Vorderseite zwei Fensterachsen mit unterschiedlichen Fensterformen, während die Breitseite sowohl größere Segmentbogenfenster als auch kleinere Rechteckfenster
umfasst. Die im Dachgeschoss befindliche Erkerkonstruktion sorgt gemeinsam mit den Volutengiebeln für ein gewisses Maß an repräsentativer
Ästhetik und architektonischer Komplexität. Der sehr schlanke, vorwiegend auf Funktionalität ausgelegte Haupttrakt wird von einem dazu
quergestellten Wohn- und Betriebsgebäude begleitet, welches insbesondere durch seinen stark geschweiften, in einem gekrümmten Bogen en-
denden Volutengiebel auffällt. Diese zweigeschossige Struktur wird, ganz
der Formensprache des Jugendstils folgend, von einem stilisierten Pflan-
zenornament betont. Als Schmuck der Wandfläche dienen abgestufte,

---

[86]    Bertsch, Fabrikarchitektur (Anm. 64), S. 32.

Rahmenornamente, die nach außen die Formen des Giebelabschlusses wiederholen (Abb. 3.13).[87]

**Abb. 3.12**
*Die im Jugendstil errichtete Löwen-Brauerei zum Zeitpunkt ihrer Sanierung in den frühen 2010er Jahren. Das in den späten 1960er Jahren in den Besitz der Familie Breiner gelangte Ensemble wurde unter weitgehender Beibehaltung alter Strukturen in eine moderne Wohnanlage umgebaut.*

### ■ Industriearchäologische Wertanalyse ■
Die Löwen-Brauerei repräsentiert den sehr seltenen Fall eines Industriegebäudes mit reinen, nicht von klassizistischen Elementen durchsetzen Jugendstilornamenten. Die bereits in den 1960er Jahren stillgelegte Fabrik führte lange Zeit ein eher klägliches Dasein und war dem Verfall preisgegeben, ehe man ihren Wert als Wohnimmobilie zu erkennen begann. Das in Teilen umgestaltete Bauensemble prägt nach wie vor das Bild des Bregenzer Stadtteils Thalbach und vermag noch jenen der Jugendstilarchitektur innewohnenden Charme zu versprühen. Aus wirtschaftshistorischer und industriearchäologischer Sicht stellt die sanierte

---

[87]    Bertsch, Fabrikarchitektur (Anm. 64), S. 32, Kat.-Nr. 58, Abb. 83.

Struktur einen wichtigen baulichen Beleg zur Dokumentation der ökonomischen Entwicklung in Bregenz dar. Anhand des Gebäudes lässt sich die ehemalige Bedeutung mittelgroßer Brauereibetriebe für die Stadt und für das gesamte Land Vorarlberg ergründen, weshalb dessen nachhaltige Konservierung nicht nur im Interesse des Historikers, sondern auch in jenem der Stadtverwaltung zu liegen hat.

**Abb. 3.13**
*Renovierter Volutengiebel des Anbaus der ehemaligen Löwen-Brauerei in Thalbach/Bregenz. Diese zweigeschossige Struktur spiegelt durch die Verwendung von stilisierten Pflanzenornamenten die Formensprache des Jugendstils wider.*

# K A P I T E L 4

## Verkehrsbauten des Jugendstils in Österreich

# Kapitel 4
## Verkehrsbauten des Jugendstils in Österreich

## 4.1 Einleitung
### 4.1.1 Entwicklung des Schienenverkehrs in der Habsburgermonarchie

Die allmähliche Etablierung des Schienenverkehrs stellte eine revolutionäre Neuerung im Verkehrswesen der Habsburgmonarchie dar. Im Jahre 1832 wurde zwischen Linz und Budweis eine Pferdeeisenbahn mit einer Gesamtlänge von 128,8 Kilometern errichtet. Die erste dampfgetriebene Eisenbahn wurde 1837 eröffnet und fuhr zunächst von Floridsdorf nach Deutsch-Wagram. Die Strecke wurde in weiterer Folge bis Olmütz erweitert und 1856 bis Krakau ausgebaut. Auf dieser nach Kaiser Ferdinand II. benannten Nordbahn erfolgte die Einführung des ersten Nachtverkehrs in Europa. Zudem ereignete sich hier auch das erste Eisenbahnunglück Österreichs mit mehreren Schwer- und Leichtverletzten.

Die ersten Bahnen wurden noch über Aktiengesellschaften finanziert; aufgrund dauerhafter mit dieser Finanzierungsform einhergehender Probleme stieg in der Mitte des 19. Jahrhunderts der Staat in den Bahnbau ein. Die erste Staatsbahnperiode dauerte von 1842 bis 1854 und führte zur Errichtung von insgesamt 994 Kilometern staatlicher Eisenbahnstrecke. Nachdem sich Kaiser Franz Joseph I. als eher unglücklicher Finanzpolitiker erwiesen hatte, mussten die Staatsbahnen 1855 an private, teils im Ausland ansässige Interessenten verkauft werden. Die zweite Staatsbahnperiode erstreckte sich zeitlich zwischen 1873 und 1918 und galt als Resultat der nach dem Börsenkrach von 1873 entstandenen Zahlungsunfähigkeit zahlreicher Privatbahnen. Der Staat übernahm wiederum den Bahnausbau und kaufte zum Teil auch Privatbahnen zurück. Im Jahre 1884 bemaß sich das staatliche Bahnnetz bereits auf 5.103 Kilometer. In der Folgezeit wurden immer neue Bahnstrecken errichtet, die ihrerseits zu einer Ankurbelung verschiedener Industriezweige führten.

An der Wende vom 19. zum 20. Jahrhundert erfolgte die Errichtung mehrerer großer Alpenbahnen, welche zu einer massiven Steigerung des Warenaustauschs zwischen Norden und Süden führen sollten. In die neuen Bahnstrecken wurden umgerechnet insgesamt 1,76 Milliarden Euro investiert, wodurch letztendlich ein Bauvorhaben historischen Ausmaßes entstand. Die im Zuge des Großprojektes entstandenen Alpenbahnen (Tauernbahn, Pyhrnbahn, Karawankenbahn, Wocheiner Bahn) unterschieden sich von der in der Mitte des 19. Jahrhunderts eröffneten Semmeringbahn in einem wesentlichen Punkt: Bedeutende Alpenübergänge wurden an mehreren Stellen auf größere Distanzen untertunnelt. Mit der kontinuierlichen Erweiterung des Schienennetzes ging der Ausbau der Bahnhofsinfrastruktur einher, wobei die Gestaltung dieser Baukörper oftmals nach modernen architektonischen Richtlinien erfolgte.

### 4.1.2 Entwicklung des Straßenverkehrs in der Habsburgermonarchie

Der Straßenbau erlebte ab dem 18. Jahrhundert durch zahlreiche technische Fortschritte (z. B. mehrschichtiger Straßenbelag, Verringerung des Gewichts der Fuhrwerke) einen fortwährenden Aufschwung, so dass das Straßennetz neben Wasserkanal und Eisenbahn zu einem der bedeutendsten Hauptverkehrswege avancieren konnte. Ab 1777 erfolgte der Teilausbau der Brennerstraße, wobei zunächst ein Karrenweg über diesen Pass angelegt wurde. Zwischen 1820 und 1840 wurde die gesamte Habsburgermonarchie von einer Ausbauwelle des Straßensystems erfasst, die eine hohe Zuwachsrate der Straßentransporte zur Folge hatte. Im Jahre 1800 wurden noch Waren mit einem Gesamtgewicht von 19.000 Tonnen über den Brenner verfrachtet; vierzig Jahre später war dieser Wert bereits auf 100.000 Tonnen angestiegen.

Schon 1726 wurden gemäß einem kaiserlichen Patent wichtige Durchgangsstraßen zu Hauptkommerzialstraßen erhoben, für deren Benutzung Mautgebühren zu entrichten waren. Im späten 19. Jahrhundert wurden diese Verkehrswege in Reichsstraßen umbenannt. Der von staatlicher Seite betriebene Straßenbau hatte eine stetige Erweiterung des Straßennetzes zur Folge; zu Beginn der 1920er Jahre betrug alleine in Restösterreich die Gesamtlänge der Reichsstraßen, welche fortan als Bundesstraßen bezeichnet wurden, 3.620 Kilometer.

Bis ins 19. Jahrhundert hinein besaß der Straßentransport gegenüber dem Eisenbahntransport noch ein erhebliches Geschwindigkeitsdefizit. Dies änderte sich freilich mit der allmählichen Motorisierung des Straßenverkehrs zu Beginn des 20. Jahrhunderts. Der mit der Erweiterung des Straßensystems verbundene Brückenbau nahm im Laufe der Jahrzehnte immer größere Ausmaße an und griff immer wieder moderne Stilistiken auf, wodurch der Jugendstil oftmals in diese Baukörper seinen nachhaltigen Einzug fand.

## 4.2 Bedeutende Verkehrsbauten des Jugendstils

Zu Beginn des 19. Jahrhunderts entstanden zahlreiche Verkehrsbauten im Bereich des Eisenbahn- und Straßen- beziehungsweise Fußgängerwegnetzes, welche viele Jahrzehnte hindurch eine zum Teil intensive Nutzung erfuhren. Wenn diese Bauwerke die beiden Weltkriege mehr oder weniger unbeschadet überstanden, konnten sie zumeist bis in die Gegenwart herauf erhalten werden. Zahlreiche alte Infrastrukturbauten stehen noch heute in Gebrauch und sind aus der modernen Verkehrslandschaft gar nicht mehr wegzudenken. Wie aus der nachfolgenden Tabelle herausgelesen werden kann, hielt der Jugendstil bis zu einem gewissen Grad auch in die österreichische Verkehrsarchitektur Einzug, wobei sich manche Bauwerke in geradezu ausufernder Art und Weise dieser Kunstströmung bedienten, andere hingegen entsprechende Gestaltungselemente nur in geringen Mengen aufzunehmen vermochten.

| Objekt | Baujahr(e) | Bundesland | Architekt |
|---|---|---|---|
| Villach-West-bahnhof | 1908-1910 | Kärnten | Hans Granich-staedten |
| HBF Salzburg | 1904-1909 | Salzburg | Hans Granich-staedten |
| Hohe Brücke | 1908 | Wien/1. Bezirk | Josef Hackhofer |
| Döblinger Steg | 1910-1911 | Wien | Friedrich Jäckel |
| Radetzkybrücke | 1899-1900 | Wien | Josef Hackberg |
| Wientalbrücke | 1898 | Wien | Otto Wagner |
| Schemerlbrücke | 1894-1898 | Wien | Otto Wagner |
| Mozartsteg | 1903 | Salzburg | Ignaz Gridl jun. |
| Länderbrücke | 1901-1903 | Salzburg | ----------------- |

**Tab. 4.1**
*Beispiele historischer Verkehrsbauten (Bahnhöfe, Brücken, Fußgängerübergänge), welche mit mehr oder weniger deutlicher Intensität nach Art des Jugendstils konzipiert wurden und infolge ihrer Funktion bedeutende industriearchäologische Denkmäler in Österreich repräsentieren.*

In den nachfolgenden Abschnitten sollen die in der obigen Tabelle zusammengefassten Objekte einer näheren Erläuterung zugeführt werden, wobei neben einer kurzen historischen und architektonischen Darstellung auch der industriearchäologische Wert der Strukturen einer knappen Erläuterung zugeführt wird.

## 4.2.1 Das Aufnahmegebäude des Westbahnhofs in Villach
### ■ Kurzer historischer Überblick ■

Bereits in der zweiten Hälfte des 19. Jahrhunderts gelangte man zu dem Schluss, dass sich die Stadt Villach in einer verkehrspolitisch ungünstigen Lage befände. Dieser Zustand wurde nach der Eröffnung der Eisenbahn-linie Marburg-Klagenfurt-Villach im Mai 1864 erheblich verbessert. Die Realisierung der sogenannten Kronprinz-Rudolf-Bahn machte Villach zu einem Eisenbahnknoten, welcher mit einer entsprechenden baulichen In-frastruktur ausgestattet werden musste. Im Dezember 1866 erfolgte der Startschuss zur Errichtung des Staatsbahnhofs, der nach dem Zerfall der Monarchie in „Westbahnhof" umbenannt wurde. Nach der Eröffnung der Tauernbahn im Jahre 1909 gab es erstmals eine den Ostalpenhauptkamm passierende Zugverbindung, die eine weitere ökonomische Aufwertung der Gemeinde Villach und deren Klassifikation als „Eisenbahnerstadt" zur Folge hatte. Im Zuge dieses Aufschwungs bestand die Notwendigkeit einer vollständigen Umgestaltung der Gleisanlagen und Gebäude des Staatsbahnhofs.[88]

Die dem Umbau des Bahnhofsareals zugrundeliegenden Pläne erfuhren am 6. Mai durch das k. u. k. Eisenbahnministerium Wien ihre Genehmi-gung. Das Aufnahmegebäude des späteren Westbahnhofs wurde im Zeitraum zwischen 1908 und 1910 völlig neu errichtet und nach Plänen des Architekten Hans Granichstaedten gestaltet. Die neuen Baustrukturen waren in ihrer Gesamtheit so ausgelegt, dass sie zur Bewältigung des deutlich gestiegenen Aufkommens von Fahrgästen befähigt waren. Wäh-rend des Ersten und Zweiten Weltkriegs erlangte der Villacher Westbahn-hof besondere Bedeutung, da er zum Dreh- und Angelpunkt umfangrei-cher Militärtransporte erwuchs. In der Endphase des Zweiten Weltkriegs erfuhr die Anlage durch Tieffliegerangriffe schwere Zerstörungen; sie konnte jedoch innerhalb kurzer Zeit wieder aufgebaut werden. Zwischen 1979 und 1983 wurde der Westbahnhof mit seinem prominenten Auf-nahmegebäude einer umfangreichen Renovierung durch bahneigene Handwerker unterzogen.[89] Bis zum heutigen Tage sind immer wieder kleinere Restaurierungen im Inneren und an den Fassaden der Gebäude

---

[88]  Wehdorn et al., Baudenkmäler der Technik und Industrie in Österreich 2 (Anm. 49), S. 222.

[89]  Ebd., S. 222; Rauter, D./Rainer, H.: Ein Verkehrsweg erschließt die Alpen: Die Ne-benbahnen der k. k. prov. Kronprinz Rudolf-Bahn. Judenburg 1998.

durchgeführt worden, welche eine nachhaltige Konservierung der Baustrukturen bewirkt haben.

■ **Architektur der Baustruktur** ■

Beim Villacher Westbahnhof handelt es sich aus architektonischer Sicht um einen langgestreckten Baukörper (Länge: ungefähr 88 Meter), der sich aus großer Abfahrtshalle, Fahrdienstleitung, Warteräumen der ersten, zweiten und dritten Klasse sowie einer großen Toilettenanlage zusammensetzt. Die zentral positionierte Abfahrtshalle wird zu ihrer Linken vom Wartebereich und zu ihrer Rechten von Fahrdienstleitung und Toiletten flankiert, so dass sich ein in sich geschlossenes Bauensemble ergibt. Während Wartehalle und Bahnkanzlei einer zweigeschossigen Konzeption folgen, besitzen die übrigen Komponenten des Baukörpers lediglich eine einzelne Etage. An den Wartebereich schließen noch mauerförmige

**Abb. 4.1**
*Aufnahme aus den 1980er Jahren mit der Hauptfassade des Aufnahmegebäudes vom Villacher Westbahnhof. Der in der Formensprache des späten Jugendstils gestaltete Dekor hebt sich farblich sehr deutlich vom sandfarbenen Fond ab.*

Strukturen an, die zur Eingrenzung des Bahnhofsareals dienen. Gleisseitig wird der Baukörper über seine gesamte Länge von einem Perron begleitet, welcher sich relativ schmal bemisst, jedoch über eine vollständige Überdachung verfügt (Abb. 4.1, 4.2, 4.3).[90]

**Abb. 4.2**
*Neuere Fotografie eines Details der Hauptfassade des Aufnahmegebäudes. Mittlerweile sind Fond und Zierelemente monochrom gestaltet, wodurch die Jugendstilornamente nicht mehr so gut zur Geltung kommen können. Das hier gezeigte tafelartige Objektbesteht aus zwei rechteckigen, mit Ziergittern versehenen Fensterkomponenten und einem darüber positionierten, U-förmigen Friesband mit florealen Komponenten, das um die Initialen F-J-I herumverläuft. Die ornamentale Komposition wird oben und unten jeweils durch ein Gesims abgegrenzt.*

Das gesamte Bahnhofsgebäude mit seinen einzelnen funktionellen Komponenten wurde in Ziegelbauweise mit Putzfassaden errichtet. Im Inneren der Baustruktur gelangten durchweg Holztramdecken zur Verwendung; lediglich im Kellergeschoss setzen sich die Plafonds aus kostspieliger gestalteten Tonnengewölben zusammen. Die verschiedenen Gebäudeteile finden ihren apikalen Abschluss anhand von Sattel- und Walmdächer aus Blech, deren Dachstühle jeweils aus Holz gefertigt wurden. Der mit Kunststeinen gepflasterte Perron weist einen für Bahnhöfe des frühen 20. Jahrhunderts charakteristischen Aufbau mit gusseisernen Säulen, eiser-

---

[90]    Wehdorn et al., Baudenkmäler der Technik und Industrie in Österreich 2 (Anm. 49), S. 222.

nen Sparren und hölzerner Tragekonstruktion für die aus Blech gefertigte Dachhaut auf.[91]

**Abb. 4.3**
*Hauptbahnsteig des Villacher Westbahnhofs mit gepflastertem Boden, gusseisernen Säulen und eisernen Sparren, auf welchen die hölzerne Tragekonstruktion der Dachhaut lastet.*

Das architektonische Zentrum des Villacher Westbahnhofs bildet ohne Zweifel das Aufnahmegebäude mit seiner großen Abfahrtshalle. Die Fassaden und Bauteile dieses Baukörpers zeichnen sich durch eine Vielzahl an Dekorelementen des späten Jugendstils aus, welche den Blick des interessierten Betrachters auf sich zu ziehen vermögen. Nach der Restaurierung des Gebäudes in den Jahren 1979 bis 1983 präsentierten sich die einzelnen Ornamente in einem kräftigen Blau, welches sich vom sandfarbenen Fond abhob und demzufolge eine zusätzliche Verstärkung der vi-

---

[91] Wehdorn et al., Baudenkmäler der Technik und Industrie in Österreich 2 (Anm. 49), S. 222.

suellen Wirkung erzeugte. In modernerer Zeit wurde die blaue Farbe wieder entfernt, so dass die gesamte Außenfassade durch einheitliche, etwas dezenter wirkende Farbgebung gekennzeichnet ist.

Das Aufnahmegebäude besteht aus zwei hervortretenden Risaliten, die jeweils mit Zierkassetten und friesartigen Ornamentbändern unter den Gesimsen geschmückt sind. Die kassettenartigen Zierfelder setzen sich aus kunstvoll vergitterten Fensterstrukturen und U-förmigen Friesbändern mit charakteristischen floralen Motiven zusammen. Der nach oben hin in ein Gebälk transformierte Fries rahmt die Initialen F(ranciscus)-J(osephus)-I(mperator) ein. Der nach hinten versetzte, zweigeschossige Haupttrakt des Aufnahmegebäudes verfügt über drei Eingangstüren und zwei große, mit kunstvoller Vergitterung versehene Rechteckfenster. Seitlich und oberhalb der Fenster befinden sich einzelne mit Jugendstilornamenten geschmückte Felder. Der zentrale Bereich der oberen Außenfassade bleibt der Bahnhofsuhr vorbehalten, deren Zeiger und Ziffern ebenfalls der Formensprache des späten Jugendstils folgen. Die seitlich an das Aufnahmegebäude anschließenden Gebäudetrakte verfügen jeweils noch über ein kassettenartiges Zierfeld, nehmen sich aber ansonsten in Hinblick auf ihre Fassadengestaltung ein wenig zurück. Die in Verbindung mit dem Jugendstil stehende Formgebung einzelner Bauelemente setzt sich im Inneren des Objektes fort, wobei Schlichtheit und Funktionalität der Struktur in den Vordergrund treten. Dieses architektonische Konzept kann in weiterer Folge auch für den Hauptbahnsteig konstatiert werden.

### ■ Industriearchäologische Wertanalyse ■

Der Villacher Westbahnhof repräsentiert ein per Gesetz unter Denkmalschutz stehendes Bundesgebäude. Die in den vergangenen Jahrzehnten durchgeführten Renovierungsarbeiten fanden stets unter denkmalpflegerischer Aufsicht statt und dienten einer möglichst nachhaltigen Konservierung einzelner kunsthistorisch wertvoller Gebäudestrukturen. Nachdem man in den 1980er Jahren eine buntere Gestaltung der Bahnhofsgebäude angestrebt hatte, nahm man sich in späterer Zeit hinsichtlich der Farbgebung wieder deutlich zurück und setzte vermehrt auf ein dezentes Erscheinungsbild. Aus industriearchäologischer Sicht stellt das Aufnahmegebäude des Villacher Westbahnhofs eine der wenigen Wirtschaftsstrukturen des Jugendstils in Kärnten dar, weshalb ihm eine besondere Bedeutung zuzumessen ist.

## 4.2.2 Der Salzburger Hauptbahnhof
### ■ Kurzer historischer Überblick ■

Die Geschichte des Salzburger Hauptbahnhofs reicht bis in die Mitte des 19. Jahrhunderts zurück. Nachdem es bereits von 1838 bis 1842 Bestrebungen zur Errichtung einer Eisenbahnverbindung zwischen Salzburg und Wien gegeben hatte, wurde 1851 ein Staatsvertrag zwischen Bayern und Salzburg unterzeichnet, der eine durchgehende Bahnstrecke von München nach Wien vorsah. Nach baulichen Verzögerungen auf österreichischer Seite kam es am 21. April 1856 zur Ausverhandlung eines neuen Vertrages, in welchem sich die Habsburgermonarchie zur Fertigstellung des Abschnittes von Salzburg nach Wien innerhalb der nächsten fünf Jahre verpflichtete.[92] Für den Standort des Bahnhofs war zunächst das linke Salzachufer vorgesehen; nach einer Gemeinderatssitzung entschied man sich dann aber für das rechte Salzachufer, wobei die Anlage im damaligen Vorort Froschheim zur Realisierung gelangen sollte. Diese Position zeichnete sich durch ihre Nähe zur Salzburger Innenstadt und zur Salzach aus, was eine mögliche Umladung von Frachten auf Schiffe erleichterte. Nach intensiven Verhandlungen mit verschiedenen Institutionen wie Militär, Polizei und Landesregierung einigte man sich auf den Bau des Bahnhofs rechts der Salzach bei den nördlichen Wällen.[93]

Die Eröffnung des Salzburger Hauptbahnhofs fällt auf den 12. August 1860. An diesem Tag wurde Salzburg durch seine Zugverbindung mit München und Wien in das internationale Eisenbahnnetz eingebunden. In seiner ursprünglichen Version war das Ensemble als Durchgangsbahnhof mit Empfangsgebäude, zwei Bahnsteiggleisen und einigen Objekten für den Betrieb und Güterverkehr konzipiert. Die Betriebsgebäude setzten sich aus Heizhaus, Werkstatt, Wagenremise und Wassertürmen zusammen, während die Güteranlagen Warenschuppen und Verladerampen umfassten.[94] Bereits nach wenigen Jahren war das Verkehrsaufkommen auf der Schiene derart gewachsen, dass eine Erweiterung des Bahnhofs für notwendig erachtet wurde. Von österreichischer und bayerischer Seite wurde deshalb der Entschluss einer strikten Trennung zwischen Perso-

---

[92] Kohn, I. (Verf. u. Hrsg.): Österreichisches Eisenbahn-Jahrbuch, 1. Jahrgang. Wien 1868, S. 121.

[93] Krejs, Ch.: Salzburger Stadterweiterung im 19. Jahrhundert. Diss. Univ. Salzburg 1990, S. 105-108.

[94] Hykysch, R.: Die Bahnhöfe im Lande Salzburg. Diss. Univ. Salzburg 1989, S. 189, Nr. 3.

nen- und Güterverkehr gefasst. Während der Güterverkehr seine komplette Verlegung nach Salzburg-Gnigl erfahren sollte, plante man für den Personenverkehr eine Mischung aus Kopf- und Durchgangsbahnhof, welcher eine wesentlich höhere Anzahl an Durchgangsgleisen zu beherbergen hatte.[95]

Die Bauarbeiten des neuen Verschiebebahnhofs in Salzburg-Gnigl starteten im Jahre 1902 und gelangten Ende 1904 zu ihrer Vollendung, so dass die Anlage am 3. Jänner 1905 in Betrieb genommen werden konnte. Die Arbeiten am Personenbahnhof begannen am 4. Februar 1904 und zogen sich bis in das Jahr 1909. Neben dem neu errichteten Zentralperron gab es eine den aktuellen Ansprüchen nachkommenden Runddachkonstruktion, welche sowohl die Durchgangs- als auch die Kopfgleise beherbergte. Der neu gestaltete Bahnhof avancierte innerhalb kürzester Zeit zu einem Dreh- und Angelpunkt für den internationalen und inneösterreichischen Bahnverkehr (Abb. 4.4).[96]

**Abb. 4.4**
*Historische Aufnahme des Salzburger Hauptbahnhofs (ca. 1910) mit Zentralperron und Nebenbahnsteig. Wesentliche Elemente wurden in der Formensprache des Jugendstils gestaltet.*

In den Jahren 1944 und 1945 wurde der Bahnhof mit seinen Gleisanlagen zum Ziel zahlreicher alliierter Bombenangriffe, die auch zur teilweisen Zerstörung der Anlage führten.[97] In den 1980er und 1990er Jahren wurde

---

[95] Franzke, A./Maurer, J.: 1860-2010: 150 Jahre Bahnstrecke Rosenheim – Salzburg. München 2010.

[96] Fischer, M. W.: Salzburger Photographien. Stadt und Land nach 1920. Salzburg/Wien 1986, S. 258.

[97] Heinisch, R. R./Marx, E./Waitzbauer, H.: Bomben auf Salzburg: die „Gauhauptstadt" im „totalen Krieg". Salzburg 1995.

der Bahnhofsvorplatz einer Neugestaltung unterzogen, welche die Abtragung des alten Posthauses, die Neuerrichtung der Bahnhofspost und den Bau einer Tiefgarage beinhaltete. Seit 1996 befindet sich der mit dem Hauptbahnhof in enger Verbindung stehende Lokalbahnhof unter dem Südtiroler Platz. Am direkten Vorplatz kam ein Labyrinthbrunnen zur Aufstellung, während im Park ein von Heimo Zobernig konzipiertes Mahnmal für die Opfer des Nationalsozialismus errichtet wurde. In den vergangenen zehn Jahren erfuhr der Hauptbahnhof aufgrund des massiven Verkehrsaufkommens auf der Schiene nochmals einen signifikanten Umbau, in dessen Zuge die Gleisanlagen und Bahnsteige neu gebaut wurden und die Überdachung der Gleisanlage durch einen modernen Glasbau erfolgte. Die drei unterirdischen Gleiszugänge wurden durch eine breite Einkaufspassage ersetzt. Für Kontroversen sorgte die Abtragung des berühmten Marmorsaals im spätsezessionistischen Restaurant auf dem Zentralperron. Nachdem sich in der Bevölkerung massiver Widerstand gegen diese radikale Baumaßnahme gebildet hatte, wurden Teile des Saals vom Augustiner Bräu in Mülln angekauft und gelangten im Bräustübl zum Wiederaufbau.

### ■ Architektur der Baustruktur ■

Als wohl auffälligster Teil der Bahnhofsanlage in Salzburg gilt das Empfangsgebäude, welches noch weitgehend im Original erhalten geblieben ist. Dieses im Inneren mit Jugendstilornamenten und Fließenbildern aus den 1910er Jahren verzierte Bauwerk steht heute unter Denkmalschutz. Die Empfangshalle setzt sich aus einem Mitteltrakt und seitlich daran anschließende, nach hinten versetzte Flügelbauten zusammen. Der Mitteltrakt weist an seinen Rändern pilasterartige Komponenten mit Zierleisten, rechteckigen Feldern und Gesimsen auf, wohingegen der Mittelteil durch drei riesige Segmentbogenfenster erfüllt wird. Zwischen den Fenstern ragen Halbsäulen mit korinthischen Kapitellen empor, während darüber bogenförmige Felder mit floralen Ornamenten angeordnet sind. Die florale Ornamentik setzt sich noch in einer über den Bögen positionierten Zierleiste fort. Haupttrakt und Seitentrakte des Empfangsgebäudes sind jeweils mit einem Satteldach bedeckt. Das Bauensemble hat einen weißen Anstrich, und die auf dem Mitteltrakt platzierten Stilelemente sind einheitlich in roter Farbe gehalten (Abb. 4.5).

**Abb. 4.5**

*Frontfassade des Mitteltraktes vom Salzburger Hauptbahnhof vor der Umgestaltung des Bahnhofsvorplatzes in den 1990er Jahren. Das Gebäude zeichnet sich durch drei große, axial angeordnete Segmentbogenfenster aus, welche die Halle mit Tageslicht versorgen und durch Halbsäulen voneinander getrennt werden. Über den Fenstern befinden sich bogenförmige, mit floralen Ornamenten erfüllte Zierflächen, welche gemeinsam mit den übrigen Dekorelementen in der Formensprache des Jugendstils gestaltet sind. Letztere findet auch im Innenbereich der Halle ihre partielle Fortsetzung und wird zudem durch Bildfliesen aus dem Jahre 1910 ergänzt, die im Zuge von Restaurierungsarbeiten freigelegt werden konnten und sich in einem nahezu unbeschädigten Zustand befinden.*

Der ehemalige Zentralperron wurde im Zeitraum zwischen 1906 und 1909 errichtet und umfasste unter anderem ein im spätsezessionistischen Stil gestaltetes Restaurant. Dieser zentrale und großräumige Inselbahnsteig wurde im Jahre 2009 für die Öffentlichkeit gesperrt, in weiterer Folge abgetragen und durch herkömmliche Mittelbahnsteige ersetzt. Die eiserne Dachkonstruktion, welche der Formensprache des technischen Jugendstils folgt, konnte trotz der Errichtung eines modernen Glasdachs weitgehend erhalten bleiben (Abb. 4.6).

**Abb. 4.6**
*Ehemaliger Zentralperron des Salzburger Hauptbahnhofs mit dem im Jugendstil errichteten Bahnhofsrestaurant im Hintergrund und der Material sparenden, stählernen Dachkonstruktion. Das Restaurant beherbergte einen nach dem Zweiten Weltkrieg installierten Marmorsaal, welcher im Zuge der Bahnhofsneugestaltung in den 2010er Jahren abgetragen wurde, jedoch nach intensiven Bürgerprotesten seine Reinstallation im Müllner Augustiner Bräu erfuhr.*

### ■ Industriearchäologische Wertanalyse ■

Der Salzburger Hauptbahnhof stellt zwar eine unter Denkmalschutz stehende Bausubstanz dar, hat aber in den vergangenen Jahren dennoch etliche bauliche Veränderungen (Abriss des alten Zentralperrons mit Restaurant, Neuüberdachung) erfahren, welche aus kunsthistorischer und industriearchäologischer Sicht sehr kritisch zu betrachten sind. Das Hauptgebäude mit seiner gründerzeitlichen Architektur und seiner im Jugendstil gestalteten Ornamentik stellt einen bedeutenden Beleg für die frühe Phase des Eisenbahnwesens in der Habsburgermonarchie dar und sollte aus diesem Grund keine wie auch immer gearteten Modifikationen mehr erfahren müssen.

## 4.2.3 Die Hohe Brücke im 1. Bezirk in Wien
### ■ Kurzer historischer Überblick ■

Die durch die prominente Eisenbrücke markierte Position war bereits in der römischen Kaiserzeit von großer Bedeutung, da eine Limesstraße über den zur damaligen Zeit hier noch existenten Ottakringer Bach führte. Im Jahre 1295 erfolgte die erstmalige urkundliche Erwähnung der Hohen Brücke, wobei es sich damals noch um eine Holzkonstruktion handelte. Nachdem der Ottakringer Bach und in späterer Zeit ein im selben Bett verlaufender Arm des Alserbachs abgeleitet und die Gewässermorphologie durch Zuschütten beseitigt worden war, diente der Übergang ab der Mitte des 15. Jahrhunderts als Straßenbrücke. Zu diesem Zeitpunkt war die Holzkonstruktion durch eine gemauerte Struktur mit gotischen Spitzbögen ersetzt worden. Im 18. Jahrhundert gelangte auf der Brücke eine Kapelle zur Errichtung, welche die Statue des Heiligen Nepomuk beherbergte. Die auf dem sakralen Bauwerk platzierte Weihinschrift enthielt die als Chronogramm dargestellte Jahreszahl 1725. In den Jahren 1857 und 1858 kam es zum vollständigen Neubau der Hohen Brücke. Das Bauwerk wurde gemäß der Mode der Zeit im neugotischen Stil aus Ziegeln gemauert und mit einer als Geländer dienenden steinernen Brüstung ergänzt. Der Brückenbogen wurde im Tudorstil gestaltet, und die noch den Vorgängerbau zierende Kapelle wurde nicht mehr aufgestellt (Abb. 4.7).[98]

**Abb. 4.7**
*Fotografie der Hohen Brücke, wie sie sich dem Betrachter um 1900 präsentierte. Das Bauwerk wurde dem Modegeschmack der Zeit entsprechend im neugotischen Stil konzipiert, wobei die Gestaltung des Brückenbogens im sogenannten Tudorstil erfolgte.*

---

[98] Wehdorn/Georgeacopol-Winischhofer, Baudenkmäler der Technik und Industrie in Österreich 1 (Anm. 69), S. 6.

Die Errichtung der noch heute vorhandenen Hohen Brücke wurde im Jahre 1901 vom Wiener Stadtrat beschlossen. Nach der Durchführung eines Projektwettbewerbs, aus dem die Firma Anton Biró mit ihrem Oberingenieur Karl Christl als Gewinner hervorgegangen war, verständigte man sich auf die Installation einer möglichst dauerhaft haltbaren Eisenkonstruktion. Die architektonische Gestaltung des Objektes wurde dabei in die Hände des Baukünstlers Josef Hackhofer übertragen. Nachdem die eigentlichen Bauarbeiten im August 1903 ihren Anfang gefunden hatten, erfolgte die Errichtung der Brücke entsprechend den beiden Fahrspuren in zwei Teilen. Der erste Teil wurde im November 1903, der zweite hingegen im März 1904 eröffnet. Die Schlusssteinlegung fand am 11. März 1904 im feierlichen Rahmen und unter Anwesenheit des Wiener Bürgermeisters Dr. Karl Lueger statt.[99]

Zwischen 1979 und 1981 wurde die Hohe Brücke einer umfangreichen Restaurierung unterzogen. Eine erneute Instandsetzung wurde im Jahre 1996 durchgeführt. Dabei gelangte unter anderem ein neues Beleuchtungskonzept für den Übergang zur Umsetzung. Heute steht das Objekt, welches über eine Fahrbahn mit beidseitigen Gehsteigen verfügt, unter Denkmalschutz. Von der Wipplingerstraße kann man über eine Stiegenanlage den darunter gelegenen Tiefen Graben erreichen.

### ■ Architektur der Baustruktur ■

Das in leicht schrägem Winkel über den Tiefen Graben verlaufende Bauwerk besitzt eine Gesamtbreite von über 16 Metern, wobei die Gehsteige beiderseits als Konsolen auskragen. Die lichte Spannweite der Brücke beläuft sich auf 15 Meter, wohingegen die lichte Durchfahrt unter der Brücke ungefähr 6,80 Meter misst. Die Außenfronten des Bauwerks sind mit Marmortafeln verkleidet, wodurch die tragende Konstruktion letztendlich aus dem Blick entschwindet. Die steinernen Elemente schmiegen sich dabei sehr gut an den Metallrahmen an, so dass eine aus architektonischer Sicht harmonisch wirkende Komposition entsteht. Die Eckfelder der Verkleidung zeigen mit Goldauflage versehene Gravuren der beiden Vorgängerbauten (Abb. 4.8, 4.9).[100]

---

[99] Christl, K.: Der Umbau der „Hohen Brücke" über den Tiefen Graben in der Wipplingerstraße. In: Österreichische Wochenschrift für den öffentlichen Baudienst 10 (1904), S. 425-428; Wehdorn/Georgeacopol-Winischhofer, Baudenkmäler der Technik und Industrie in Österreich 1 (Anm. 69), S. 6.

[100] Wehdorn/Georgeacopol-Winischhofer, Baudenkmäler der Technik und Industrie in Österreich 1 (Anm. 69), S. 6.

**Abb. 4.8**

*Hohe Brücke im Wiener 1. Bezirk mit bogenförmiger, seitlich durch Marmorplatten ausgekleideter Stützkonstruktion und weit auskragenden Flächen für die beiderseits verlaufenden Gehsteige. Die über die Brücke führende Wipplingerstraße kann vom Tiefen Graben über zwei seitlich an der Basis positionierte Stiegenanlagen erreicht werden.*

Die Geländer der Brücke bestehen aus eisernem Stabwerk, welches charakteristische Jugendstilornamente (Girlanden, Voluten, Blüten) aufweist. Von dieser spezifischen Gestaltungsform werden auch die vier auf der Brücke positionierten Kandelaber erfasst (Abb. 4.10). Unter der Brücke befinden sich vor den Widerlagermauern Geschäftsportale. Zudem tritt hier auf beiden Seiten je ein künstlerisch gestaltetes Steinportal mit der bereits erwähnten Stiegenanlage auf. Die Brücke ist auch an ihrer Unterseite durch eine Verkleidung gekennzeichnet, was zur Bildung einer korbbogenförmigen Längszone mit Gurtbögen und Stichkappen über den Geschäftsportalen führt.[101]

---

[101]  Wehdorn, M: Die Bauwerke der Wiener Ringstraße. Wiesbaden 1979, S. 319-322; Wehdorn/Georgeacopol-Winischhofer, Baudenkmäler der Technik und Industrie in Österreich 1 (Anm. 69), S. 6.

**Abb. 4.9**
*Eckfeld der seitlichen Verkleidung der Hohen Brücke mit einer Darstellung jener Vorgängerkonstruktion, welche zwischen 1725 und 1857 an gegebener Stelle positioniert war. Bei der Abbildung handelt es sich um eine in den Carrara-Marmor hineingearbeitete Gravur, die noch zusätzlich mit einer Goldauflage versehen wurde. Einzelne im Bereich des Bildfeldes vorhandene Ornamente folgen der Formensprache des Jugendstils.*

Die Widerlager der Brücke verfügen über ein Betonfundament mit darüber gelagertem Mauerwerk aus Bruchstein und Ziegeln. Die Brückenkonstruktion selbst wurde aus sogenanntem Zoreseisen, Wellblech und Marmor aus Carrara gefertigt. Für die Stiegenportale fand Mannersdorfer Kalkstein seine Verwendung.

**Abb. 4.10**
*Geländerkonstruktion der Hohen Brücke mit ihrem Stabwerk und den charakteristischen Jugendstilornamenten. An den Eckpunkten des Übergangs befindet sich jeweils ein Kandelaber, der eine optimale Ausleuchtung der Straße bewirkt.*

■ **Industriearchäologische Wertanalyse** ■

Das unter Denkmalschutz stehende Objekt zählt zu den wenigen noch vollständig erhaltenen Jugendstilbrücken in Österreich, welche das stetig steigende Verkehrsaufkommen zu bewältigen vermag. Aus industriearchäologischer Sicht dokumentiert es auf vorzügliche Weise die Entwicklung der Wiener Verkehrsinfrastruktur im frühen 20. Jahrhundert.

## 4.2.4 Der Döblinger Steg in Wien
■ Kurzer historischer Überblick ■

Dieses Bauwerk quert die Geleise der Franz-Josefs-Bahn, die Heiligen-
städter Lände sowie den Donaukanal und stellt eine Verbindung der Wiener Bezirke Döbling und Brigittenau dar. Die Brücke war zunächst lediglich für die Übersetzung von Wasserleitungen über den Donaukanal vorgesehen, wurde jedoch wenig später für den Fußgängerverkehr erweitert.
Der Baubeginn des noch heute als Wahrzeichen fungierenden Döblinger
Stegs datiert auf den 17. Mai 1910, wobei der Entwurf des eisernen Trag-
werks von Bauingenieur Josef Luger stammte, die Gesamtgestaltung hingegen in der Verantwortung des Architekten Friedrich Jäckel lag. Mit den
Baumeisterarbeiten wurden die Firma H. Rella und Co. sowie Josef Richter
betraut, während die Installation der Eisenkonstruktion von R. Ph. Waagner, L. und J. Biró & A. Kurz durchgeführt wurde. Die Steinmetzarbeiten
schließlich erfolgten durch Franz Klug. Die Gesamtkosten des Ende 1911
fertiggestellten Bauwerks einschließlich der Rohrüberführungen beliefen
sich auf 376.000 Kronen.[102]
Der Döblinger Steg musste im Laufe der Jahrzehnte mehreren Restaurierungen unterzogen werden. In den Jahren 1933 und 1975/76 wurden
Randträger und der Brückenbelag erneuert, und nach dem Zweiten Weltkrieg musste das bei Sprengungen teilweise beschädigte Tragwerk ergänzt werden. In der ersten Hälfte der 1960er Jahre erfolgte der Ausbau
der Donaukanalbegleitstraßen an beiden Ufern, wodurch sich zwangs-
läufig auch das Erscheinungsbild des Brückenbauwerks veränderte. Der
Steg erfuhr eine über die Straßen hinausreichende Verlängerung und war
zudem durch eine Verlegung der unter den Stiegenanlagen befindlichen
Schieberkammern für die Wasserleitungsrohre gekennzeichnet. Zu Beginn der 1980er Jahre kam es im Zuge der Verbreiterung der Schnell-
straßen zu einer weiteren Verlängerung und Erneuerung der Treppen.[103]
Zwischen 1995 und 1997 stand der Döblinger Steg nochmals im Mittelpunkt einer Generalsanierung. Trotz aller Instandhaltungsarbeiten zeichnet sich das Bauwerk im Kern noch durch sein ursprüngliches Erscheinungsbild aus.

---

[102] Wehdorn/Georgeacopol-Winischhofer, Baudenkmäler der Technik und Industrie
in Österreich 1 (Anm. 69), S. 106.

[103] Ebd., S. 106; ergänzend: Klusacek, Ch./Stimmer, K.: Die Stadt und der Strom. Wien
und die Donau. Wien 1995.

## ■ Architektur der Baustruktur ■

Der Döblinger Steg vermag insbesondere durch seine beiden alten Brückenköpfe zu faszinieren, welche über die beidseitigen Treppen und Brückenverlängerungen erreichbar sind (Abb. 4.11). Diese sind als pylonenartige Torbauten gestaltet, wobei die weit in die Höhe ragenden Pfeiler über Turmhelme verfügen und durch einen breiten, mit Satteldach überdeckten Torbogen verbunden werden. Die Konstruktion der Brückenköpfe setzt sich aus zwei über der Brückenebene platzierten Tragwänden zusammen, welche einen gegenseitigen Abstand von ungefähr 5 Metern besitzen und gemeinsam mit den oberen Querversteifungen ein dichtes Netz von eisernen Fachwerken bilden. Beim Passieren der Portale wird der Besucher gleichsam von einem aus stabilen Eisenelementen bestehenden Gitter umgeben. Als besonders reizvoll gelten die über den Torbögen positionierten Reliefs und Ornamente, welche allesamt in der Formensprache des Jugendstils gestaltet sind. Dies gilt auch für die an den Pfeilern angebrachten Schriftzüge, die nochmals auf das Entstehungsdatum des Bauwerks hinweisen (Abb. 4.12).[104]

**Abb. 4.11**
*Döblinger Steg mit der Eisenkonstruktion und den steinernen Brückenköpfen.*

---

[104] Wehdorn/Georgeacopol-Winischhofer, Baudenkmäler der Technik und Industrie in Österreich 1 (Anm. 69), S. 106.

Für die Torbauten des Döblinger Stegs gelangten große Kunststein-
quader zur Verwendung, während die kräftig bossierten Sichtflächen aus
Gmünder Granit gefertigt wurden. Die Fundierung der Widerlager erfolgte zum Teil noch mithilfe von Holzpfählen. Bei den Dachstühlen der Brückenköpfe handelt es sich um mit Kupferblech gedeckte Holzkonstruk-
tionen. Das Brückentragwerk besteht aus Eisen und ist als Fachwerkbo-
gen mit Zugband konzipiert. Die Brückentafel wird von vertikalen Hänge-
stangen getragen, zwischen denen das Geländer eingefügt ist.

**Abb. 4.12**
*Steinerner Brückenkopf des Döblinger Stegs mit zentralem Portal und seit-
lichen Pylonen, welche über ausgeprägte Turmhelme verfügen. Das über
dem Torbogen positionierte Relief und die an den Pfeilern angebrachten
Schriftzüge zeichnen sich durch die Formensprache des Jugendstils aus.*

■ <u>Industriearchäologische Wertanalyse</u> ■
Der Döblinger Steg stellt seit mehr als hundert Jahren einen bedeutenden Übergang über den Donaukanal und eine essenzielle Verbindung
zwischen zwei Wiener Bezirken dar, welche im Rahmen der lokalen ökonomischen Entwicklung eine wichtige Rolle zu spielen vermochte und die
Evolution der städtischen Verkehrsinfrastruktur widerspiegelt.

## 4.2.5 Die Radetzkybrücke in Wien (1./3. Bezirk)
### ■ Kurzer historischer Überblick ■

Ursprünglich wurde der Wienfluss an der Stelle der heutigen Radetzky-Brücke durch einen hölzernen Steg überspannt, der jedoch im Jahre 1851 einem Hochwasser zum Opfer fiel. Nach Einsatz eines Holzprovisoriums kam es 1854/55 zur Errichtung einer gemauerten zweijochigen Bogen-brücke, welche ein knappes halbes Jahrhundert ihre Aufgabe als wichti-ger Verkehrsknotenpunkt erfüllte. Im Rahmen der Regulierung des Wien-flusses war man zum Neubau der Brücke gezwungen, wobei sich der Aus-schreibungsprozess für die entsprechenden Bauarbeiten zunächst in die Länge zog; erst am 9. März 1899 konnte der Auftrag zur Errichtung des Objektes an die Firma R. Ph. Waagner vergeben werden. Als Architekten des Bauwerks traten Josef Hackhofer und Friedrich Ohmann auf, während das Unternehmen Enrico Peregrini, Michele Calderai, Giuseppe Feltrinelli & Co. für die Abwicklung der Arbeiten verantwortlich zeichnete.[105]

Die Radetzkybrücke wurde in zwei Teilen errichtet, um den Straßenver-kehr über den Wienfluss nicht unterbrechen zu müssen und eine sukzes-sive Neuverlegung der unter der alten Brücke verlaufenden Gasrohre ge-währleisten zu können. Nach Installation eines Holzprovisoriums an der Position der alten Brücke, das die Straßenbahngleise und Gasrohre trug, begann man am 22. Oktober 1899 mit der Konstruktion des neuen Ob-jektes. Zunächst gelangte die flussabwärts liegende Hälfte der Eisen-brücke zur Errichtung, die man in einem Zug vollenden und am 18. April 1900 dem allgemeinen Verkehr übergeben konnte. Schon neun Tage nach dem Eröffnungstermin fuhr die erste Straßenbahn über die Brücke; zudem wurden die Gasrohre vom Holzprovisorium in das Tragwerk des Neubaus verlegt. Nach Abriss der Hilfsbrücke befasste man sich mit der Montage der zweiten, flussaufwärts gelegenen Brückenhälfte, deren Fer-tigstellung in den September des Jahres 1900 datiert. Am 21. Dezember 1900 erhielt das gesamte Bauwerk von offizieller Seite seine Benützungs-bewilligung.[106]

Obwohl man bereits in den ursprünglichen Entwürfen von Hackhofer und Ohmann die Ausstattung der Radetzkybrücke mit zwei steinernen Leucht-türmen vorgesehen hatte, konnte die Installation der Lichtanlage aus fi-

---

[105]  Wehdorn/Georgeacopol-Winischhofer, Baudenkmäler der Technik und Industrie in Österreich 1 (Anm. 69), S. 12.

[106]  Ebd., S. 12.

nanziellen Gründen erst im Jahre 1908 durch die Firma Marinelli & Faccanoni realisiert werden. Eine monumentale Figur, welche den Strompfeiler schmücken sollte, gelangte niemals zur Ausführung. Nachdem die Brücke im Jahre 1945 durch Bombenangriffe schwere Schäden erlitten hatte, erfolgten unmittelbar nach Ende des Zweiten Weltkriegs ihr Wiederaufbau und 1952 ihre neuerliche Eröffnung.[107] Die ebenfalls vollständig zerstörten Leuchttürme wurden erst in jüngerer Vergangenheit ergänzt.

### ■ Architektur der Baustruktur ■

Die Radetzkybrücke gilt als letzter Übergang über den Wienfluss vor dessen Einmündung in den Donaukanal. Sie verfügt über eine Gesamtbreite von 32,25 Metern und trägt eine zweispurige, beiderseits von Gehsteigen begleitete Fahrbahn. Die aus Eisen gefertigte Brücke setzt sich im Wesentlichen aus zwei Bogenträgern zusammen, welche zwischen den Ufermauern des Wienflusses auf einem aus Stampfbeton errichteten Strompfeiler zu liegen kommen. Über dem Strompfeiler sind Steinvorlagen positioniert, welche auf beiden Seiten der Brücke der Verdeckung der Auflager dienen. Die Eisenkonstruktion weist eine Vielzahl von Jugendstilornamenten auf, welche sich in den Brückengeländern und restaurierten Leuchttürmen fortsetzen (Abb. 4.13, 4.14).

**Abb. 4.13**
*Die Radetzkybrücke nahe der Mündung des Wienflusses in den Donaukanal. Das in den Jahren 1899 und 1900 errichtete Bauwerk zeichnet sehr deutlich die Formensprache des Jugendstils anhand von vegetabilen Elementen nach.*

---

[107] Wehdorn/Georgeacopol-Winischhofer, Baudenkmäler der Technik und Industrie in Österreich 1 (Anm. 69), S. 12.

Aus technischer Sicht handelt es sich bei der Radetzkybrücke um eine zweijochige Eisenbrücke mit steinernem Mittelpfeiler, wobei beide Joche in Form von genieteten Trägern mit einer Stützweite von je 15,30 Metern überwunden werden. Für die Brückentafeln gelangten Zoreseisen und eine Betondeckung zur Verwendung. Die Widerlager und der Strompfeiler verfügen über eine Verkleidung aus Wöllersdorfer Stein.[108]

**Abb. 4.14**
*Detailaufnahme der Radetzkybrücke mit ihren beiden rekonstruierten Leuchttürmen, welche den Zeitgeschmack des frühen 20. Jahrhundert widerspiegeln.*

### ■ Industriearchäologische Wertanalyse ■

Die Radetzkybrücke gilt als sehr seltenes Beispiel einer technischen Eisenkonstruktion aus der Epoche des Wiener Jugendstils. Das unter Denkmalschutz stehende Objekt spiegelt die Frühentwicklung der städtischen Verkehrsinfrastruktur wider und besitzt deshalb hohen industriearchäologischen Wert.

---

[108] Wehdorn, Die Bautechnik der Wiener Ringstraße (Anm. 101), S. 307-310.

## 4.2.6 Die Wientalbrücke (Otto-Wagner-Brücke) in Wien
■ Kurzer historischer Überblick ■

Diese eiserne Fachwerkbrücke geht auf Pläne des berühmten Architekten Otto Wagner zurück und wurde im Zuge der Realisierung des Wiener Stadtbahnnetzes errichtet. Der erste Spatenstich für die einzelnen Bahnstrecken erfolgte am 7. November 1892, und die Fertigstellung des ersten Teilstückes datiert auf den 11. Mai 1898. Drei Jahre später waren alle zum damaligen Zeitpunkt geplanten Bahnlinien fertiggestellt. Am 1. April des Jahre 1895 wurde von der Baudirektion für die Wiener Stadtbahn der Beschluss zur Errichtung der Wiental-Brücke gefasst. Die Arbeiten für den Unterbau des Objektes wurden dabei an die Union-Baugesellschaft, jene für die tragende Eisenkonstruktion an die Österreichisch-Alpine-Montan-Gesellschaft vergeben. Nachdem im April 1897 die technischen Detailpläne vorgelegt worden waren, konnte bis zum Ende desselben Jahres bereits das Mauerwerk der Brücke fertiggestellt werden, so dass einer Montage der Eisenteile nichts mehr im Wege stand. Nach entsprechender Belastungsprobe am 2. Mai 1898 wurde das Bauwerk zunächst einer technischen Revision unterzogen und schließlich am 25. Mai baupolizeilich kollaudiert (Abb. 4.15).[109]

Die Wientalbrücke wurde nach dem Zweiten Weltkrieg einer Generalsanierung unterzogen, bei welcher einige Bestandteile des Dekors abhandenkamen. Im Jahre 1980 wurde von politischer Seite die Entscheidung gefällt, die bisherige Gürtelstrecke der Wiener Stadtbahn in das U-Bahn-Netz einzubeziehen. Diesem großdimensionierten Bauvorhaben stand die Wientalbrücke im Weg, weshalb dieses Bauwerk abgerissen werden sollte. Obwohl man vonseiten der Stadtregierung einige gute Gründe für die drastische Maßnahme anführte und zudem noch etliche finanzielle Argumente vorbrachte, sprach sich das Bundesdenkmalamt am 21. April 1982 für den Weiterbestand der Brücke aus. Zu Beginn des Jahres 1984 wurde durch den Stadtrat für Stadtplanung geprüft, inwieweit die Brücke trotz der Modernisierung des Schienennetzes ihre Funktion beibehalten könnte. Im Zuge der Adaptierungsarbeiten für den U-Bahn-Betrieb wurde das Bauwerk generalsaniert. Weitere Instandhaltungsarbeiten erfolgten in

---

[109] Wehdorn/Georgeacopol-Winischhofer, Baudenkmäler der Technik und Industrie 1 (Anm. 69), S. 30; Bischoff, F.: Die Wiener Stadtbahn. In: Zeitschrift des Österreichischen Ingenieur- und Architekten-Vereines 49 (1897), S. 1-9, 17-26, Taf. 1-4.

den Jahren 2007/08, wobei die aus Zinkguss gefertigten Lorbeerkränze zur Demontage und Restaurierung gelangten.[110]

**Abb. 4.15**
*Historische Abbildung der Wiental- oder Otto-Wagner-Brücke kurz nach ihrer Fertigstellung im Jahre 1898. Besonders auffällig sind die an den Brückenköpfen positionierten Pylonen mit ihren kranzförmigen, in der Formensprache des Jugendstils gestalteten Dekorelementen.*

■ **Architektur der Baustruktur** ■
Die Wiental-Brücke überspannt mit ihrer nördlichen Hälfte die Linke Wienzeile, wohingegen der südliche Abschnitt die sogenannte Wienflusseinwölbung überquert. Der Baukörper setzt sich aus einem Eisentragwerk zusammen, welches auf einem Mittelpfeiler und zwei pylonenartig aufragenden Endpfeilern aus Natursteinquadern ruht. Der schräggestellte, zentrale Brückenpfeiler teilt die 112 Meter lange lichte Weite des Bauwerkes in zwei gleich lange Öffnungen. Das Tragwerk der Eisenkonstruktion verfügt über ein Gefälle von ungefähr 1 Prozent, liegt etwa 8 Meter über der Straße und besteht aus zwei parallelgurtigen Fachwerkträgern mit einer Höhe von jeweils 5,65 Metern. Im unteren Drittel dieser beiden tragenden Elemente befindet sich die Brückentafel, die sich aus einem System aus Längs- und Querträgern mit ebenen Tragblechen zusammensetzt. Darüber ist der übliche aus Schotter, Bedielung und Schienen bestehende Bahnunterbau positioniert. Die Hauptbrücke wurde vorwiegend aus Martinflusseisen hergestellt (Abb. 4.16).[111]

---

[110]  Varga, L.: Die Brücke über die Zeile – Otto-Wagner-Brücke. In: Blätter des Meidlinger Bezirksmuseums 66 (2006), S. 68-78.

[111]  Wehdorn/Georgeacopol-Winischhofer, Baudenkmäler der Technik und Industrie 1 (Anm. 69), S. 30.

**Abb. 4.16**
*Aktuelle Abbildung der Wientalbrücke mit ihren Pfeilern und dem Eisen-tragwerk. Die Spitzen der Endpylonen und die als Dekorelemente dienen-den Lorbeerkränze kommunizieren in typischer Art und Weise den von Otto Wagner vertretenen Jugendstil.*

Die Dekorelemente der Wiental-Brücke sind teilweise sehr deutlich in der Formensprache des Jugendstils gestaltet, wobei insbesondere die an den Pfeilern angebrachten Lorbeerkränze und die Spitzen der Endpylonen durch ihre eher moderne Stilistik auffallen. Der aus Zink oder Aluminium gegossene, mannshohe Lorbeerkranz avancierte zu einem Leitsujet Otto Wagners, welches auch bei der Wiener Postsparkasse seine breite An-wendung fand.

### ■ Industriearchäologische Wertanalyse ■
Die Wiental-Brücke stellte ursprünglich einen der bedeutendsten Zugän-ge zur Wiener Innenstadt dar und verfügt schon alleine deshalb über eine erhöhte industriearchäologische Relevanz. Das unter Denkmalschutz stehende Bauwerk mit seiner auffälligen Jugendstilornamentik ist noch in seiner originalen Form erhalten und gilt als prägendes Element für das gesamte Wiener Stadtbild.

## 4.2.7 Die Schemerlbrücke in Wien
### ■ Kurzer historischer Überblick ■

Ende des 19. Jahrhunderts gab es vonseiten der Wiener Stadtregierung intensive Bemühungen zur Errichtung eines möglichst weitgehenden Hochwasserschutzes. Zudem strebte man nach einer Ausgestaltung des Donaukanals zu einer permanent verwendbaren Schifffahrtsstraße und zu einem Handels- und Winterhafen. Zur Erreichung dieser Ziele war gemäß einem Bauprojekt, welches unter der Leitung des Hafenbaudirektors Sigmung Taussig ausgearbeitet worden war, die Errichtung einer Wehr- und Schleusenanlage in Nußdorf, die Befestigung der Ufer des Donaukanals sowie die Realisierung von drei Staustufen notwendig.[112]

Mit der architektonischen Gestaltung jener Bauwerke, welche in Zuge der Umwandlung des Donaukanals errichtet werden sollten, wurde Otto Wagner betraut, wohingegen die Ausführung der entsprechenden Bauarbeiten an die Unternehmen Redlich & Berger sowie Carl und Emil Hollitzer übertragen wurde. Die Errichtung der gesamten Nußdorfer Wehr- und Schleusenanlage dauerte von Juli 1894 bis August 1898, wobei sich der dafür notwendige Kostenaufwand auf insgesamt 7,2 Millionen Kronen belief. Die dem Bauensemble zugehörige Brücke wurde nach dem Architekten und Wasserbauingenieur Joseph Maria Schemerl von Leythenbach benannt und erhielt als wesentliche Dekorelemente zwei auf hohen Pylonen posierende Bronzelöwen, welche vom Bildhauer Rudolf Weyr gefertigt worden waren (Abb. 4.17).[113]

Im Zweiten Weltkrieg erlitt die Wehranlage mitsamt ihrer imposanten Brücke zahlreiche durch alliierte Bombenangriffe verursachte Schäden, die nach 1945 allesamt wieder behoben wurden. Nachdem zu Beginn der 1960er Jahre etliche technische Erneuerungen und damit verbundene Umbauten vorgenommen worden waren, konnte die Anlage im November 1966 wieder in Betrieb gestellt werden. In den 1970er Jahren erfolgte eine nochmalige Modernisierungsphase, durch welche das Bauwerk fit für das nächste Jahrtausend gemacht wurde.[114]

---

[112] Taussig, S.: Über die Arbeiten zur Umwandlung des Wiener Donaucanals in einen Handels- und Winterhafen. In: Zeitschrift des Österreichischen Ingenieur- und Architekten-Vereines 49 (1897), S. 209-213, 225-229.

[113] Wehdorn/Georgeacopol-Winischhofer, Baudenkmäler der Technik und Industrie 1 (Anm. 69), S. 108.

[114] Ebd., S. 108.

**Abb. 4.17**

*Historische Fotografie der von Otto Wagner gestalteten Nußdorfer Wehr-*
*anlage mit der Schemerlbrücke im Vordergrund. Dieses in der Formenspra-*
*che des Jugendstils gestaltete Bauwerk besticht durch seine teils aufwendi-*
*gen Dekorelemente, unter denen insbesondere die beiden auf hohen Pylo-*
*nen posierenden Löwen von Rudolf Weyr hervorzuheben sind.*

### ■ Architektur der Baustruktur ■

Das Absperrwerk der Nußdorfer Wehr- und Schleusenanlage tritt als sehr
aufwendig gestalteter Brückenbau in Erscheinung, welcher über ein dop-
peltes eisernes Fachwerk und drei Hauptträgerwände verfügt. Die beiden
stromaufwärts positionierten Tragwände bilden eine Straßenbrücke, der
stromabwärts noch die eigentliche Wehrbrücke zwischen zweiter und
dritter Tragwand folgt. Die tragenden Elemente sind durch horizontale
Verstrebungen verbunden, welche der Brücke zusätzliche Stabilität verleihen. Die Brückenköpfe zeichnen sich durch ihre außergewöhnliche architektonische und künstlerische Gestaltung aus, wobei neben den bereits
erwähnten Bronzelöwen vor allem die volutenförmigen Flügelmauern sowie die stromaufwärts gelegenen, mit Laternen gekrönten Sockel hervorzuheben sind. Letzere Elemente tragen zahlreiche im Jugendstil gestaltete Ornamente und Reliefs (Abb. 4.18).[115]

---

[115] Wehdorn/Georgeacopol-Winischhofer, Baudenkmäler der Technik und Industrie
1 (Anm. 69), S. 108.

**Abb. 4.18**
*Moderne Ansicht der Schemerlbrücke mit stromaufwärts positionierten La-*
*ternenpfeilern und stromabwärts platzierten Löwenbronzen. Die Beleuch-*
*tungselemente sind sehr deutlich in der Formensprache des Jugendstils*
*konzipiert.*

### ■ Industriearchäologische Wertanalyse ■

Die Nußdorfer Wehr- und Schleusenanlage zählt zu den bedeutendsten
Ingenieurbauten Wiens und ist durch eine überragende baukünstlerische
Qualität gekenneichnet. Deshalb muss ihre langfristige Erhaltung und
technische Nutzung aus industriearchäologischer Sicht immer gewährleistet bleiben.

### 4.2.8 Der Mozartsteg in der Stadt Salzburg
■ Kurzer historischer Überblick ■

Beim Mozartsteg handelt es sich im Allgemeinen um eine Fußgängerbrücke, welche als Verbindung der Imbergstraße und des Inneren Steins in der rechtsufrigen Altstadt mit dem Rudolfskai und Mozartplatz auf der linken Salzachseite gilt. Das nach dem berühmten Komponisten Wolfgang Amadeus Mozart benannte Bauwerk blickt mittlerweile auf eine mehr als 115-jährige Geschichte zurück. Anlass für dessen Errichtung war eine Initiative des Wiener Cafetiers Georg Kimmel, der für sein Café Corso trotz der guten Lage und eines schönen Gartens zur wenig Kundschaft lukrieren konnte, da es im Bereich des gastronomischen Betriebs keinen Salzachübergang gab. Nach städtischer Bewilligung des Objektes und dessen baulicher Realisierung kam es am 29. März 1903 zu dessen feierlicher Eröffnung unter Anwesenheit des Landespräsidenten Clemens Graf Saint-Julien-Wallsee und des Bürgermeisters Franz Berger. Der frisch herausgeputzte und für die Zeremonie geschmückte Steg wurde als „neue eiserne Gehbrücke vom ehemaligen Michaelstor zum Café Corso" gepriesen und an die Öffentlichkeit übergeben. Während seiner ersten Betriebsjahre war der Mozartsteg noch mautpflichtig, wobei die Brückenmaut im noch heute existierenden Mauthäusl auf der linken Salzachseite eingehoben wurde. Nach Übernahme des Objektes durch die Stadt kam es zur Abschaffung der Abgabe, so dass die Benützung der Brücke ab dem 1. Jänner 1921 für alle Fußgänger und Radfahrer kostenlos erfolgen konnte (Abb. 4.19).

**Abb. 4.19**
*Postkarte aus dem frühen 20. Jahrhundert mit Blick vom Kapuzinerberg auf die Salzach und den im Bereich des Café Corso (vorne rechts) über den Fluss führenden Mozartsteg,*

Nachdem sich auf dem Mozartsteg im Laufe der Jahrzehnte zahlreiche Rostschäden am Tragwerk und Risse in den Holzbalken angesammelt hatten, wurde im Jahre 2011 eine Generalsanierung des Bauwerks durchgeführt, für welche Gesamtkosten in der Höhe von 1,5 Millionen Euro veranschlagt wurden. Neben einer vollständigen Restaurierung des eisernen Tragegerüsts, das insbesondere durch das im Winter verwendete Streusalz in Mitleidenschaft gezogen worden war, erfolgte eine Erneuerung des auf der eisernen Gehfläche befindlichen Belags. Anstelle des ursprünglichen Holzes gelangte hier rutschfester Quarzsand zur Verwendung. Das in dieser Schicht gesammelte Wasser wird über spezielle Regenrinnen abgeleitet.[116]

**Abb. 4.20**
*Der Salzburger Mozartsteg mit seinen beiden Betonpfeilern und der darauf ruhenden, strengen Eisenkonstruktion mit Ornamenten des Jugendstils.*

### ■ Architektur der Baustruktur ■
Der Mozartsteg repräsentiert eine nach strengen technischen Richtlinien konzipierte Eisenkonstruktion, welche auf zwei massiven, aus Steinwerk und Beton zusammengesetzten Pfeilern ruht. Das Objekt stellt die älteste noch bestehende Brücke in der Stadt Salzburg dar und gelangte nach

---

[116] Weidenholzer, Th./ Müller, G.: Salzburgs alte und neue Brücken über die Salzach. Salzburg 2001.

Entwürfen der Wiener Brückenbau-Anstalt Ignaz Gridl jun. zur Realisierung. Das Eisenkonstrukt zeichnet sich durch seinen Dekor mit verspielten, vegetabilen Ornamenten aus, welche der Formensprache des Jugendstils folgen. Die hauptsächlich in Form von Voluten stilisierte Pflanzenmotivik gilt als Anspielung auf das Wasser als jenes Element, welches vom Bauwerk überwunden wird. Die Eisenkonstruktion selbst setzt sich aus zwei Bögen mit entsprechenden Querstreben und vertikalen Leisten zusammen, welche auf Höhe des Geländers durch zusätzliche Schrägelemente ergänzt werden. Als ein besonderes Erkennungsmerkmal des Bauwerks kann sicherlich jene über der Mitte angebrachte Kartusche mit dem Namensschild und Baujahr der Brücke angesehen werden. Auch hier gelangen die typischen dekorativen und schwingenden Elemente des Jugendstils recht gekonnt zur Verwendung (Abb. 4.20, 4.21).

**Abb. 4.21**
*Mozartsteg mit restauriertem Gehweg und streng konzipierter Eisenkonstruktion. In der Mitte des Objektes befindet sich eine Kartusche mit Namensschild und Baujahr der Brücke.*

### ■ Industriearchäologische Wertanalyse ■
Der Mozartsteg stellt das älteste Brückenbauwerk in der Stadt Salzburg dar und steht aufgrund seiner enormen historischen Bedeutung unter Denkmalschutz. Trotzdem das Objekt bereits sehr umfangreichen Sanierungsmaßnahmen unterzogen wurde, präsentiert es sich noch weitgehend in seinem Originalzustand und gilt als eines der wenigen Jugendstilbauwerke in der Stadt Salzburg. Diesem Umstand liegt eine extrem konservative Haltung der um 1900 agierenden Stadtregierung zugrunde, welche neuen architektonischen Strömungen nur wenig Akzeptanz entgegenbrachte. Aus industriearchäologischer Sicht kann der Mozartsteg auch als Dokument für den ökonomischen Aufstieg Salzburgs bewertet werden, das vor allem nach dem Ausbau der Eisenbahn- und Straßeninfrastruktur zu einem Zentrum für den Tourismus avancierte.

## 4.2.9 Die Länderbrücke zwischen Oberndorf und Laufen
■ Kurzer historischer Überblick ■

Diese über die Salzach führende Brücke verbindet die Salzburger Stadt Oberndorf mit der bayerischen Stadt Laufen und stellt insgesamt ein denkmalgeschütztes Objekt dar. Nachdem im Jahre 1896 jene beim unteren Stadttor von Laufen positionierte Holzbrücke über die Salzach durch ein Hochwasser zerstört worden war, dachte man auf bayerischer und österreichischer Seite über den Bau eines eisernen und damit wesentlich stabileren Übergangs nach. Eine Realisierung dieses Plans machte jedoch die Öffnung der zur Salzach geschlossenen Nordseite des Hauptplatzes in Laufen notwendig. Der Umgestaltungsprozess fand im Jahre 1901 seinen Abschluss.[117] Die Errichtung der Brücke erfolgte zwischen Dezember 1901 und Juni 1903, wobei eine Wiener Firma für den Eisenaufbau auf österreichischer Seite, eine Münchner Firma hingegen für die Konstruktion auf bayerischer Seite verantwortlich zeichnete. Die Eröffnung der Brücke erfolgte am 2. Juni 1903 unter Anwesenheit zahlreicher politischer Prominenz. Nach Durchführung einer Feldmesse formierte sich auf österreichischer Seite ein Festzug, welcher auf die Brücke marschierte und sich in deren Mitte mit einem Festzug aus Laufen traf. Abschließend kam es zur Segnung des Bauwerks durch die Geistlichen der beiden Gemeinden.

Kurz vor dem Ende des Zweiten Weltkriegs wurde die Brücke zur Sprengung vorbereitet, um den nachrückenden Truppen der Alliierten das weitere Vordringen zu erschweren. Nachdem man noch am 1. Mai 1945 von Seiten der SS mit einer Zerstörung des Bauwerks gedroht hatte, gelang auf Betreiben des Oberndorfer Bürgermeisters einigen mutigen Oberndorfern und Laufenern am 4. Mai die Entschärfung der Sprengsätze noch kurz vor der Einrückung der amerikanischen Truppen in Laufen. Die weitere Geschichte der Länderbrücke verlief eher unspektakulär. Zwischen 1979 und 1980 kam es zu einer umfangreichen Sanierung des Bauwerks, und 2002 erfolgten Reparaturen an der Eisenkonstruktion. Im Jahre 2003 feierte man das hundertjährige Bestehen der Brücke in Form der Veröffentlichung einer Sonderbriefmarke, welche gemeinsam von der Deutschen Post AG und der Österreichischen Post herausgegeben wurde. Zwischen 2005 und 2007 musste eine nochmalige Sanierung des Objektes durchgeführt werden, die eine vollständige Erneuerung verschiedener Bauteile umfasste.

---

[117] Haberkalt, K.: Die Überbrückung der Salzach zwischen Oberndorf und Laufen. In: Allgemeine Bauzeitung 67 (1902), S. 17-30.

**■ Architektur der Baustruktur ■**

Die Länderbrücke verfügt über eine Länge von insgesamt 166 Meter und setzt sich aus einer 5 Meter breiten Fahrbahn sowie zwei jeweils 1,5 Meter breiten Gehwegen zusammen. Ihre eiserne, genietete Fachwerkkonstruktion ruht auf zwei Pfeilern und überspannt drei Öffnungen mit Spannweiten von 39,14 Metern, 78,29 Metern und 48,93 Metern. Die Brückenpfeiler wurden aus Stampfbeton errichtet und mit Naturstein verkleidet. Auf ihnen lagern eiserne, mit Blechen verkleidete Pylone, welche jeweils mit einem gekrümmten, durchbrochenen Bogen zu einem Portal verbunden sind. Die Scheitel dieser Portalbögen sind mit blattvergoldeten Nachbildungen der österreichischen und bayerischen Krone verziert, während sich an den Bogenseiten Kartuschen mit den jeweiligen historischen Staatswappen befinden. Die oberen Enden der Pylone weisen die Formen von Kugeln auf, auf denen Adler stehen. Die Bogensätze zeigen Monogramme der einstigen Herrscher, wohingegen sich an den Seiten der Pylone Tritonenmasken und Gedenktafeln befinden. Als Beleuchtung dienen an den Pylonen und Steinsäulen angebrachte Kandelaber. Die Gehwege werden durch recht einfach gehaltene Geländer mit horizontalen und vertikalen Füllstäben begrenzt. Die Zierelemente folgen allesamt sehr deutlich der Formensprache des Jugendstils (Abb. 4.22, 4.23, 4.24).[118]

**Abb. 4.22**
*Länderbrücke zwischen Oberndorf im Bundesland Salzburg und Laufen in Bayern. Das Objekt repräsentiert eine Eisenkonstruktion auf zwei Stampfbetonpfeilern, wobei die an den Seiten und Pylonen positionierten Ornamente sehr klar die Formensprache des Jugendstils nachzeichnen.*

---

[118] Danzl, V./Niedermeier, St./Kallert, H./Wurbs, Th.: Generalinstandsetzung der Salzachbrücke Laufen-Oberndorf. In: Stahlbau 76 (2007), S. 372-380.

**Abb. 4.23**
*Kunstvoll gestalteter Portalbogen der die Bundesländer Salzburg (Öster-reich) und Bayern (Deutschland) verbindenden Länderbrücke. Einzelne Me-daillons, Voluten, Schriftzüge und Reliefs sind im Jugendstil gestaltet.*

Während die Untergurte der Fachwerkkonstruktion geradlinig gestaltet sind, zeichnen die Obergurte einen der Kettenlinie folgenden Polygonzug nach. Dies hat freilich zur Folge, dass das Objekt einer versteiften Kettenbrücke ähnelt, obwohl es eine Gerberträgerbrücke mit Krag- und Einhängeträgern repräsentiert. Die Verbindung der beiden Untergurte erfolgt durch Querträger und Diagonalstäbe, auf denen eigene Längsträger die gesamte Last der Stahlbetonfahrbahnplatte aufzunehmen vermögen. Zum Ausgleich der Last des Einhängeträgers erfolgte der Einbau von Gegengewichten und Zugankern in den uferseitigen Enden der Kragträger.

**Abb. 4.24**
*An der Innenseite des Portalpfeilers angebrachtes Relief, welches ein Tritonenhaupt zur Darstellung bringen soll.*

## ■ Industriearchäologische Wertanalyse ■

Die bereits unter Denkmalschutz stehende Länderbrücke zwischen Oberndorf und Laufen stellt ohne Zweifel eine der bedeutendsten Jugendstilstrukturen im Salzburger Raum dar, welche die Kunstströmung im Vergleich zum Mozartsteg auf wesentlich klarere Weise zum Ausdruck zu bringen vermag. Aus industriearchäologischer Sicht gilt das Bauwerk als Sinnbild für den ökonomischen Aufstieg zweier benachbarter Gemeinden und den zwischen diesen stattfindenden Warenaustausch. Zudem repräsentiert es eine der wichtigsten Verkehrsverbindungen zwischen Österreich und Bayern nördlich der Landeshauptstadt Salzburg.

# KAPITEL 5

## Sonstige Wirtschaftsbauten des Jugendstils in Österreich

# Kapitel 5
## Sonstige Wirtschaftsbauten des Jugendstils in Österreich

## 5.1 Einleitung
### 5.1.1 Wichtige Bauwerke im Zusammenhang mit der Industrialisierung
Die Industrialisierung des Habsburgerreiches hatte nicht nur die Errichtung großer Fabrikanlagen zur Folge, sondern führte in den verschiedenen Wirtschaftssektoren auch zur Entstehung zahlreicher kleinerer Baustrukturen. Diese Objekte repräsentierten unter anderen Neben- beziehungsweise Nutzbauten im Rahmen größerer Ensembles oder autonome Strukturen, welche beispielsweise für die Aufrechterhaltung der Versorgung der Bevölkerung mit Ressourcen oder die Verbesserung der Verkehrsinfrastruktur konzipiert wurden. Zumeist wurden Nebengebäude ganz im Stil der Hauptbauwerke gestaltet, um innerhalb eines Ensembles eine entsprechende architektonische Konsistenz zu generieren. Es kam jedoch auch vor, dass sich Zubauten, welche später als die Hauptobjekte entstanden waren, vom ursprünglichen Stilkanon loslösten und eine eigene Formensprache zu entwickeln vermochten.

Das Spektrum an Wirtschaftsstrukturen, welche im Rahmen der industriellen Entwicklung entstanden, ist im Allgemeinen viel zu groß, um im Zuge dieses Kapitels eine vollständige Abdeckung zu erfahren. Für eine detaillierte Darstellung muss an dieser Stelle auf einschlägige Publikationen zur Wirtschafts- und Industriegeschichte beziehungsweise Industriearchäologie verwiesen werden.[119] Als besonders interessant kann sicherlich der Umstand bewertet werden, dass der Jugendstil auch abseits großer Fabriken und Kraftwerke seinen gebührenden Eingang in die Industriearchitektur fand. In Österreich ist dieses Phänomen anhand etlicher Bauwerke bezeugt, die nicht im Zentrum großer Bauensembles stehen, sich jedoch durch ein individuelles Erscheinungsbild auszeichnen.

---

[119] Siehe z. B.: Fischer et al., Historische Wirtschaftsarchitektur in Salzburg (Anm. 40); Sturm, R.: Industrialisierung einer Barockstadt (Anm. 54); Sturm, R.: Historische Wirtschaftsdenkmäler in der Stadt Salzburg. Eine industriearchäologische Stadtrundfahrt. Berlin 2016; Sturm, R.: Stereoskopischer Bildatlas zur historischen Wirtschaftsarchitektur. Bundesland Salzburg und angrenzender bayerischer Raum. Hamburg 2018.

## 5.2 Bedeutende Wirtschaftsstrukturen des Jugendstils

Wie der nachfolgenden tabellarischen Aufstellung entnommen werden kann, fand der Jugendstil in die unterschiedlichsten Baustrukturen seinen Eingang. So gelangte diese in der Baukunst des frühen 20. Jahrhunderts so bedeutende Strömung unter anderem in Nebengebäuden größerer Betriebsanlagen zur Realisierung. Wie der Schaltturm des „Feistritzhammers" in der Steiermark oder das Warenlager der Süßwarenfabrik Josef Manner & Comp. AG in Wien sehr klar zum Ausdruck bringen, pochte der Jugendstil nicht so sehr auf Repräsentanz und Fernwirkung wie die zur gleichen Zeit existente Gründerzeitarchitektur. Auch jene Baustrukturen, welche fernab größerer Menschenansammlungen zur Errichtung kamen, wurden zum Teil mit einem Jugendstildekor versehen, um trotz aller erdenklichen Abgeschiedenheit dennoch den innovativen Zeitgeist der Architektur des frühen 20. Jahrhunderts zu reflektieren. Das Wasserreservoir

| Objekt | Baujahr(e) | Bundesland | Planung |
|---|---|---|---|
| „Feistritzhammer" Schaltturm | 1904-1905 | Steiermark | Friedrich Theurer |
| Wasserhälter Marhof/Stainz | 1908 | Steiermark | G. Rumpel, Florian Stark |
| Josef Manner & Comp. AG, Lager | ~1914 | Wien | -------------- |
| Staust. Kaiserbad | 1904-1908 | Wien | Otto Wagner |
| Postsparkasse | 1904-1906 | Wien | Otto Wagner |

**Tab. 5.1**

*Beispiele industriearchäologisch bedeutsamer Baustrukturen, deren Gestaltung in der Formensprache des Jugendstils erfolgte. Die Objekte gelangen in den nachfolgenden Abschnitten zur näheren Beschreibung.*

der Gemeinde Marhof/Stainz entzieht sich infolge seiner abgeschiedenen Lage praktisch zur Gänze den Blicken der Menschen, stellt jedoch eine der bedeutendsten Jugendstilstrukturen der Steiermark dar. Im Folgenden soll näher auf weitere Wirtschaftsbauwerke eingegangen werden.

## 5.2.1 Turm des Elektrizitätswerks „Feistritzhammer" bei Krieglach
### ■ Kurzer historischer Überblick ■

Im Jahre 1869 wurde die Vordernberg-Köflacher Montan-Industrie-Gesellschaft gegründet, welche etliche Industrieunternehmen der näheren Umgebung aufkaufte. Dazu zählten unter anderem die Besitzungen der Hammerherrenfamilie Seßler, die einen Sensenhammer in Freßnitz bei Krieglach, das Radwerk III in Vordernberg, einen Braunkohlebergbau in der Nähe von Wartberg, eine Puddel- und Walzhütte in Krieglach und einen weiteren Bergbau in Turnau bei Aflenz umfassten. Nachdem es der Gesellschaft in den 1870er Jahren nicht gelungen war, sich auf dem Markt gegenüber der Konkurrenz zu behaupten, trat sie alle Seßler`schen Industrieobjekte an die Österreichisch-Alpine Montangesellschaft ab. Auch dieses Unternehmen vermochte zunächst keine signifikanten Gewinne zu schreiben. Nachdem es aber 1901 in den Besitz des Großindustriellen Carl Cosack gelangt war, wurde es von einem bemerkenswerten ökonomischen Aufschwung erfasst, welcher zu einem guten Teil auf dessen Elektrifizierung zurückgeführt werden konnte.[120]

In die Stelle des ehemaligen Grob- und Zeughammers der Familie Seßler in Feistritz trat eine Elektrizitätszentrale, deren behördliche Baubewilligung einige Zeit in Anspruch nahm. Erst nach Cosacks Tod am 1. Jänner 1904 konnte schließlich mit der Realisierung dieses Bauprojektes begonnen werden, wobei die Firma C. T. Petzold und Co. die Führung des Unternehmens an sich zog und die Walzhütte bei Krieglach zu einem wirtschaftlich rentablen Betrieb zu formen vermochte. Die Bauzeit des Elektrizitätswerks „Feistritzhammer" erstreckte sich beinahe über zwei Jahre, so dass die Anlage erst Ende 1905 ihren Betrieb aufnehmen konnte. Für die elektrische Einrichtung zeichneten die Österreichischen Siemens-Schuckertwerke verantwortlich, während die Installation der hydromechanischen Komponenten durch die Prager Maschinenbau-Aktiengesellschaft (vormals Ruston & Co.) erfolgte.[121]

In den 1970er Jahren ging das Elektrizitätswerk in den Besitz der VÖEST-Alpine AG über, welche dessen Automatisierung und weitgehende bauliche Erneuerung veranlasste. Ab dem 1. April 1988 wurde die Anlage an

---

[120] Wehdorn et al., Baudenkmäler der Technik und Industrie in Österreich 2 (Anm. 49), S. 26; Witz, G.: Elektrizitätswerk „Feistritzhammer" des Blechwalzwerkes der Firma C. T. Petzold und Co. in Krieglach. In: ZÖIAV 58 (1906), S. 113-117, Taf. V.

[121] Wehdorn et al., Baudenkmäler der Technik und Industrie in Österreich 2 (Anm. 49), S. 26.

Krieglach-Rohr verpachtet. Heute steht sie außer Betrieb und repräsentiert ein geschütztes Baudenkmal zur Dokumentation der steirischen Wirtschafts- und Elektrizitätsgeschichte.

### ■ Architektur der Baustruktur ■

Das Elektrizitätswerk ist ungefähr 3,5 Kilometer oberhalb des ehemaligen Krieglacher Stahlwerks positioniert. In seiner ursprünglichen Form setzte sich dieses Bauwerk aus einem Maschinenhaus mit einer Grundfläche von 9 x 16 Metern und einem der Stirnfront des Haupttraktes vorgestellten quadratischen Turm zusammen. Das Maschinenhaus beherbergte eine Turbinenanlage, welche über ein spezielles Einlaufbauwerk mit Triebwasser versorgt wurde. Einem relativ einfachen architektonischen Konzept folgend war es aus Ziegeln gemauert und verputzt, während seine hölzernen Dachstühle eine Eindeckung mit Blech erfuhren. Der Wassertransport erfolgte über zwei Untergräben, deren Gefälle durch bauliche Maßnahmen eine erhebliche Steigerung erfuhren. In der Anlage gelangte eine horizontale Dreiradturbine mit zwei Saugschächten zum Einsatz, die zur Abarbeitung einer Wassermenge von 10 Kubikmeter pro Sekunde befähigt war.[122]

Die im Rahmen dieser Abhandlung wesentlich interessantere Baustruktur besteht in dem bereits oben genannten Turmvorbau, dessen Fassade eine durch Lisenen hervorgerufene Gliederung zeigt. Die einzelnen Turmseiten sind jeweils durch eingerahmte Rechteckfenster gekennzeichnet. Die Gesimszone des Bauwerks ist mit Jugendstilornamenten dekoriert, wodurch dem Gebäude eine besondere kunsthistorische Bedeutung zuteilwird. Auffällig ist auch das geschwungene, mit basalem und apikalem Wasserablauf versehene Dach. Der Turmbau beinhaltete den Messraum des Werks und diente zudem als Ausgangspunkt für die Hochspannungsleitungen. Der im Elektrizitätswerk erzeugte Strom wurde ursprünglich über eine 3,7 Kilometer lange Freileitung in das Walzwerk transportiert. Gegenwärtig ist von den Hochbauten des „Feistritzhammers" nur noch der Messturm vorhanden, während die anderen historischen Strukturen ihre vollständige Abtragung erfuhren (Abb. 5.1).[123]

---

[122] Wehdorn et al., Baudenkmäler der Technik und Industrie in Österreich 2 (Anm. 49), S. 26.

[123] Ebd., S. 26.

**Abb. 5.1**
*Historische Aufnahme des Ende 1905 fertiggestellten Kraftwerks „Feistritz-hammer" im steirischen Krieglach. Besonders auffällig ist dabei jener turm-artige Bau am rechten Bildrand, welcher den Messraum der Anlage beher-bergte und im Bereich des Gesimses durch einfache Jugendstilornamentik gekennzeichnet ist.*

### ■ Industriearchäologische Wertanalyse ■

Das alte Elektrizitätswerk in Krieglach ist gegenwärtig nur noch in Teilen erhalten, wobei auf die Konservierung des Turmes mit der ehemals darin befindlichen Messanlage besonderer Wert gelegt wurde. Dieses zumin-dest in Ansätzen der Formensprache des Jugendstils folgende Bauwerk bietet freilich nicht jene Wirkung wie die Kraftwerksanlage in Peggau-Deutschfreistritz, zählt aber dennoch zu den wenigen Beispielen einer steirischen Industriearchitektur, welche an der Wende vom 19. zum 20. Jahrhundert durch einen gewissen Mut zur Innovation gekennzeichnet war. Da der Turm nach wie vor in Nutzung steht, sollte ihm aus heutiger Sicht eine längerfristige Konservierung beschieden sein.

## 5.2.2 Der unterirdische Wasserbehälter in Marhof bei Stainz
■ Kurzer historischer Überblick ■

Die in der Südsteiermark gelegene Gemeinde Stainz fasste zu Beginn des 20. Jahrhunderts den Entschluss zum Bau einer Wasserleitung für die Versorgung der ortsansässigen Bevölkerung. Die zur Abdeckung des täglichen Wasserbedarfs benötigten Quellen befanden sich jedoch nicht im Gemeindegebiet selbst, sondern konnten im Umkreis der Ortschaft Sierling vorgefunden werden. Damit das Leitungswasser in höhere Gebäudebereiche und insbesondere in die obersten Stockwerke des Schlosses Stainz befördert werden konnte, bestand die Notwendigkeit der Errichtung eines 80 Meter über der Nachbargemeinde Marhof positionierten Hochreservoirs, welches sich im Bründelwald befand und der Wasserspeicherung diente. Dieses Objekt gelangte im Jahre 1908 unter der Leitung der Wiener Firma Ing. G. Rumpel/Ing. Florian Stark zur Realisierung, und bereits ein Jahr später erfolgte schließlich dessen Inbetriebnahme. Der unterirdische Wasserbehälter in Marhof erfüllt gegenwärtig noch den selben Zweck wie vor über hundert Jahren, wurde aber im Jahre 1971 durch eine weitere, westlich davon gelegene Speicheranlage ergänzt.[124]


■ Architektur der Baustruktur ■

Das im Bründelwald befindliche Hochreservoir setzt sich aus einem unterirdischen, zur Speicherung des Wassers dienenden Hohlraum, einer im Nordosten vorgebauten Ventilkammer und einer an der Rückseite der Anlage gelegenen Messkammer zusammen. Über die Ventilkammer kann der Hochbehälter betreten werden, welcher sich in zwei gleich große Kammern unterteilt. Diese werden nach oben hin durch Tonnengewölbe mit einer Spannweite von je 8,3 Metern abgeschlossen und verfügen jeweils über eine eigene Entlüftung. Der das Wasserspeicherbecken enthaltende Hohlraum verfügt über eine Länge von 10,25 Metern und eine Breite von 12,8 Metern, wohingegen die gesamte Anlage 15,27 Meter in ihrer Länge misst.[125] Diesen Ausmaßen zufolge handelt es sich um ein kleineres Speicherobjekt, das mit seinem Fassungsvermögen von 250

---

[124] Wehdorn et al., Baudenkmäler der Technik und Industrie in Österreich 2 (Anm. 49), S. 78.

[125] Ebd., S. 78.

Kubikmetern gerade einmal den Tagesbedarf der Gemeinde Stainz abzu-
decken vermag. Das Hochreservoir wurde aus Portlandzement-Stampfbeton gefertigt, wobei das Tonnengewölbe unter Aufbringung eines zusätzlichen Zementgusses zur Versiegelung gelangte. Die zur Gemeinde
führenden Wasserleitungen setzen sich aus gusseisernen Muffenrohren
zusammen.

Als aus industriearchäologischer Sicht besonders interessant gilt das
Eingangsportal der Ventilkammer, das in seiner Gesamtheit einem anti-
ken Grabmal nachempfunden ist, bei detaillierter Studie jedoch einzelne
gestalterische Elemente des Jugendstils erkennen lässt. Besonders auffällig sind die beiden seitlichen Pylonen, welche sich nach oben hin verjün-
gen und durch vertikale Kanneluren gekennzeichnet sind, die am oberen
Ende von vertieften Medaillons abgelöst werden. In diesen ist auf block-
artigen Elementen das Erbauungsjahr 1909 eingeschrieben. Die Pylonen
überragen die monumentale Vorderfront, welche ihrerseits eine Breite
von maximal 5,6 Metern und eine Höhe von 6,75 Metern besitzt. Dieses
Bauelement verfügt einerseits über einen Sockel, der mehrfach stufenar-
tig zurückspringt, und andererseits über ein weit vorkragendes Hauptgesims mit darüber gelagertem, friesähnlichem und deutlich zurückgesetz-
tem Dachaufbau (Abb. 5.2).[126]

Die an der Rückseite des Hochbehälters positionierte Eingangsfront der
Messkammer ist durch eine wesentlich simplere Gestaltung als das vor-
dere Portal charakterisiert. Hier sind mehrere breite Bandgesimse über-
einander angeordnet, welche am oberen Ende durch ein Hauptgesims
und eine bekrönende Attika abgelöst werden. Die unterste bandartige
Zierleiste ist im Bereich der metallenen Eingangstür unterbrochen (Abb.
5.3). Das zwischen vorderer und hinterer Portalzone liegende Reservoir ist
mit Erdreich bedeckt, welches einen zum Teil sehr starken Pflanzenbe-
wuchs zeigt. Hier treten auch die beiden oben genannten Entlüftungs-
rohre zum Vorschein. Die oberirdischen Baustrukturen weisen mitunter
deutliche, dem fortgeschrittenen Alter Rechnung tragende Korrosions-
spuren auf und sind stellenweise mit Flechten und Moosen bedeckt.

---

[126] Wehdorn et al., Baudenkmäler der Technik und Industrie in Österreich 2 (Anm.
49), S. 78.

**Abb. 5.2**

*Eingangsbereich des Hochreservoirs im Bründelwald oberhalb der Gemeinde Marhof. Das Objekt wurde im Jahre 1909 in Betrieb genommen und dient der Wasserversorgung der nahegelegenen Ortschaft Stainz. Das Eingangsportal weist eine deutliche klassizistische Formensprache auf, welche mit einzelnen Gestaltungselementen des Jugendstils durchsetzt ist.*

## ■ Industriearchäologische Wertanalyse ■

Das Hochreservoir im Bründelwald in der steirischen Gemeinde Marhof stellt einen der ganz seltenen Fälle von Jugendstilarchitektur in einer unbesiedelten, weitgehend von menschlichen Einflüssen befreiten Umgebung dar. Der Architekt der Baustruktur ließ es sich trotz der Abgeschiedenheit des Objektes nicht nehmen, von der schlichten Fassade eines reinen Zweckbaus Abstand zu nehmen und dem Ensemble eine gewisse künstlerische Note zu verleihen. Als Resultat dieses Vorhaben entstand letztlich eine Struktur, welche eine klassizistische Grundgestalt annimmt, sich jedoch auch auf sehr gezielte Weise der Formensprache des Jugendstils bedient. Dieser Dualismus wurde auf recht gekonnte und nicht übertriebene Art zur Realisierung gebracht, wodurch das Bauwerk einen besonderen Anspruch auf seine nachhaltige Konservierung besitzt.

**Abb. 5.3**
*Rückseitiger Eingangsbereich des Hochbehälters mit einfachen Bändergesimsen, darüber folgendem Hauptgesims und bekrönender Attika. Hier findet jene am Hauptportal in Erscheinung tretende Formensprache im Wesentlichen ihre Fortsetzung.*

## 5.2.3 Das Lager der Süßwarenfabrik Josef Manner in der Nähe der Geblerstraße in Wien

### ■ Kurzer historischer Überblick ■

Nachdem Josef Manner die Konzession und das Lokal eines kleinen Schokoladenerzeugers erworben hatte, gründete er im Jahre 1890 eine eigene Schokoladenfabrik („Chocoladenfabrik Josef Manner"). Als Markenzeichen für seine Erzeugnisse verwendete der Unternehmer bereits seit 1899 den Stephansdom, wobei die Erzdiözese für die Nutzung des sakralen Konterfeis entsprechende finanzielle Zuwendungen erhielt. Der Betrieb erfuhr bereits in seiner Anfangszeit ein stetiges Wachstum, so dass 1897 schon mehr als 100 Mitarbeiter gezählt werden konnten und nach der Jahrhundertwende eine Modernisierung der Produktion notwendig wurde, anhand derer eine erhebliche Kostenreduktion der Ware ermöglicht werden konnte. Die noch heute bestehenden Fabrikgebäude wurden zwischen 1904 und 1914 nach Plänen des Architekten Josef Grünbeck errichtet und folgten einem einheitlichen, nach außen hin sehr streng anmutenden Grundkonzept („Fabrikkaserne"). Im gleichen Zeitraum wuchs das Unternehmen durch die stetige Ergänzung neuer Bauwerke. Neben einem neuen Maschinen- und Kesselhaus entstanden auch etliche Lagergebäude, unter denen jenes nahe der Geblerstraße aufgrund seiner außergewöhnlichen Architektur besonders hervorzuheben ist.[127]

Bereits im Jahre 1913 wurde nach Eintritt des Unternehmers Johann Riedl in die Firma die Josef Manner und Comp. A. G. gegründet, welche bis zum heutigen Tag besteht. In der Zwischenkriegszeit erfuhr die Süßwarenfabrik mehrere Rückschläge, die jedoch immer wieder von Phasen des Aufschwungs abgelöst wurden. Nach dem Zweiten Weltkrieg wurde die Fabrik in die öffentliche Verwaltung eingegliedert. Erst 1957 erlangte das Unternehmen wieder seine Eigenständigkeit und konnte in entsprechende Erweiterungsmaßnahmen investieren. Im Jahre 1970 fusionierte Manner mit den Firmen Napoli und Casali, deren Fabriken in der Laxenburger Straße (10. Bezirk) stehen.[128] In den vergangenen Jahren wurden hohe Geldsummen in die Modernisierung der Produktionsanlagen investiert, welche zu einer erheblichen Steigerung des Warenausstoßes führte.

---

[127] Wehdorn/Georgeacopol-Winischhofer, Baudenkmäler der Technik und Industrie in Österreich 1 (Anm. 69), S. 88.

[128] Ebd., S. 88.

## ■ Architektur der Baustruktur ■

Während die historischen Fabrikgebäude einem alten gründerzeitlichen Baustil mit Gleichförmigkeit und wohnbauspezifischer Gestaltung folgen, zeichnet sich jenes nahe der Geblerstraße positionierte Lagergebäude durch seine Schlichtheit und Funktionalität aus. Das im Jugendstil gestaltete Objekt verfügt über drei Zugangstore aus Blech, über denen jeweils eine von Vertikalleisten durchbrochene Fensterreihe positioniert ist. Den oberen Abschluss der Struktur bildet ein polygonaler Giebel, hinter dem sich ein einfaches Blechdach erstreckt (Abb. 5.4).

**Abb. 5.4**
*Lagergebäude in der Nähe der Geblerstraße mit seinen drei Zufahrtstoren, dem polygonal gestalteten Giebel und der noch zum Teil ersichtlichen Jugendstilornamentik.*

## ■ Industriearchäologische Wertanalyse ■

Dieses kleine und eher unauffällige Gebäude steht in klarem Kontrast zu den riesigen Fabrikstrukturen des Betriebs, stellt aber aus industriearchäologischer Sicht dennoch ein erhaltenswertes Objekt dar. Dies ist nicht zuletzt auch auf seine für Fabriken eher außergewöhnliche Gestaltung in der Formensprache des Jugendstils zurückzuführen.

## 5.2.4 Die Staustufe Kaiserbad in Wien
**■ Kurzer historischer Überblick ■**

Diese im frühen 20. Jahrhundert entstandene Baustruktur befindet sich 200 Meter stromabwärts der Augartenbrücke und trug sehr wesentlich zur Schiffbarmachung des Donaukanals bei. Ihr Name leitet sich vom ehemaligen „Kaiserbad" ab, das sich in der Stelle der Anlage befand und im Jahre 1899 abgebrochen wurde. Nachdem bereits 1901 alle Vorprojekte für Wehr und Schleusen beinahe zur Fertigstellung gelangt waren, wurde die Anlage ein Jahr später durch den Wiener Gemeinderat genehmigt. Der Abschluss der Detailprojekte und die Vergabe der ersten Bauarbeiten erfolgten im Jahre 1904. Zur Aufrechterhaltung des Schiffsverkehrs kam es zuerst zum Bau von Schleuse und rechter Wehrhälfte und nach deren weitgehender Fertigstellung zur Errichtung des linken Teils der Anlage. Im Jahre 1907 war der Schleusenkanal in seiner Entstehung schon so weit fortgeschritten, dass er von den Schiffen problemlos passiert werden konnte. Nach Vollendung des dem Ensemble zugehörigen Schützenhauses im Jahre 1908 konnte der maschinelle Betrieb der Schleuse aufgenommen und die Anlage voll ausgelastet werden.[129]

Die Wehranlage und Schleuse Kaiserbad stand bis zum Ende des Zweiten Weltkriegs in Betrieb, erlitt allerdings durch Bombardierungen der Alliierten im April 1945 deutliche Beschädigungen. Während die noch verbliebenen Reste der eisernen Wehrkonstruktion vollständig abgetragen wurden, konnten Teile der eisernen Komponenten der Kammerschleuse bis heute konserviert werden. Das vom Architekten Otto Wagner konzipierte Schützenhaus wurde in den Jahren 1977/78 zu einem Schulungsgebäude des Bundesamtes für Eich- und Vermessungswesen umgewidmet.[130] Nachdem es diese Funktion 20 Jahre lang beibehalten hatte, wurde es 2008 zu einem Restaurant am Wasser umgebaut und drei Jahre später feierlich eröffnet.

**■ Architektur der Baustruktur ■**

Das Bauensemble setzt sich aus Wehranlage, Kammerschleuse und Schützenhaus zusammen. Das Flussbett des Donaukanals wurde im Bereich der

---

[129] Wehdorn/Georgeacopol-Winischhofer, Baudenkmäler der Technik und Industrie in Österreich 1 (Anm. 69), S. 8.

[130] Machatschek, A.: Die Revitalisierung des Schützenhauses in Wien. In: Österreichische Zeitschrift für Kunst und Denkmalpflege 23 (1978), S. 113-119.

Staustufe auf 75 Meter erweitert, wodurch die Möglichkeit entstand, das Wehr über die gesamte Breite des Kanals von 50 Metern auszudehnen. Das rechte Ufer beherbergt den Schleusenkanal, welcher eine Breite von 15 Metern und eine nutzbare Länge von 75 Metern besitzt. Zwischen Donau- und Schleusenkanal ist die Schleuseninsel mit ihrer maximalen Breite von 10 Metern positioniert (Abb. 5.5).

**Abb. 5.5**
*Blick auf die Staustufe Kaiserbad in Wien (1./2. Bezirk), welche zwischen 1904 und 1908 nach Plänen Otto Wagners zur Errichtung gelangte. Zwischen Donaukanal (rechts) und Schleusenkanal (links) befindet sich die Schleuseninsel. Im rechten Bildhintergrund ist das sogenannte Schützenhaus zu erkennen, von dem aus der Betrieb der Anlage erfolgte und welches gegenwärtig ein Restaurant beherbergt.*

Die nach Plänen von Otto Wagner errichtete Staustufe Kaiserbad repräsentiert aus bautechnischer Sicht eine Mixtur unterschiedlichster Baumaterialien. Für die Wehranlage und Kammerschleuse gelangten hauptsächlich Beton und Eisen zur Verarbeitung, wobei das Wehr eine stabile Rahmenkonstruktion darstellte, welche manuell oder auf elektrischem Wege betrieben werden konnte. Auch die Schleuseninsel besteht im Kern aus Beton, der eine Verkleidung mit Kunststein erfahren hat. Das als architektonisches Kernstück der Anlage geltende Schützenhaus ruht auf einem 1,00 bis 2,30 Meter starken Betonfundament und verfügt über ein herkömmliches Ziegelmauerwerk, das mit unterschiedlichen Materialien verkleidet wurde. Während der Gebäudesockel mit Platten aus Mauthausener Granit bedeckt wurde, erfolgte die Verkleidung der Hauptfassade mit hochgestellten Platten aus Sterzinger Marmor, die nietenähnliche Verzierungen aus Kupfer aufweisen. Unterhalb des Daches verläuft ein breiter Streifen aus blau glasierten Kacheln, der zum Teil durch Wellenmuster gekennzeichnet ist (Abb. 5.6).[131]

**Abb. 5.6**
*Blick auf das Schützenhaus der ehemaligen Staustufe Kaiserbad mit seinen beidseitigen Aufgängen und dem markanten Mitteltrakt, dessen Ornamentik sehr deutlich der Formensprache des Jugendstils folgt.*

### ■ Industriearchäologische Wertanalyse ■
Die Staustufe Karlsbad repräsentiert ein besonderes industriearchäologisches Denkmal, da sie als noch weitgehend intaktes Zeugnis für die Schiffbarmachung des Donaukanals an der Wende vom 19. zum 20. Jahrhundert gilt. Das im Zentrum der Anlage stehende Schützenhaus stellt ein Hauptwerk Otto Wagners dar, wodurch dessen dauerhafte Erhaltung außer Zweifel stehen muss.

---

[131] Wehdorn, Die Bautechnik der Wiener Ringstraße (Anm. 101), S. 355-359.

## 5.2.5 Die Postsparkasse in Wien
### ■ Kurzer historischer Überblick ■

Das ehemalige k. u. k. Postsparcassen-Amt befindet sich am Georg-Coch-Platz 2 in der Ringstraßenzone und zählt heute zu den bedeutendsten Jugendstilbauten Wiens. Vor der Errichtung des Bauwerks stand auf dem Areal die Franz-Joseph-Kaserne, welche bis etwa 1900 als Unterbringung des k. u. k. Heeres diente. Zudem markierte sie jenen Punkt, bei dem das Franz-Joseph-Tor in den Stubenring führte. Das Sparkassengebäude wurde im Zeitraum zwischen 1904 und 1906 erbaut, wobei der berühmte Architekt Otto Wagner für dessen Planung verantwortlich zeichnete. Für dieses Objekt gelangte erstmals die ganz neue Stahlbetonbauweise zur Anwendung. Am 17. Dezember 1906 wurde das Bauwerk schließlich für den Kundenverkehr eröffnet. Bereits in den Jahren 1910 bis 1912 wurde eine erste Erweiterung notwendig, welche die Ergänzung eines Kassenraumes für den Effektenverkehr einschloss.[132]

Schon in seiner Anfangszeit wurde das Gebäude hauptsächlich für Büroaktivitäten genutzt, wobei man von Betreiberseite große Mühen für dessen Instandhaltung aufwendete. Während des Zweiten Weltkriegs blieb die Postsparkasse von Bombentreffern verschont. Im Zeitraum zwischen 1970 und 1985 wurde der historische Baukörper einer Generalsanierung unterzogen, welcher der Bau einer Tiefgarage folgte. Jenes Denkmal, welches für Georg Coch, den Gründer der Postsparkasse, auf dem Gebäudevorplatz errichtet worden war, wurde nach Fertigstellung der Tiefgarage näher an die Ringstraße herangerückt, um dessen Sichtbarkeit für die Passanten zu verbessern. Von Frühjahr 2003 bis Herbst 2005 erfolgte eine zweite Generalsanierung, bei der eine komplette Erneuerung der Klimaanlagen durchgeführt wurde. Diese Arbeiten konnten pünktlich zur 100-Jahr-Feier des Bauwerks abgeschlossen werden.[133]

Im Jahre 2013 wurde das Gebäude an die Signa Holding verkauft, welche seit 2018 dessen Umbau in ein Luxushotel ins Auge fasst. Dieser radikale Schritt hätte möglicherweise eine Auflösung des kunsthistorischen Inventars zur Folge. Von 2005 bis 2017 beherbergte der Kassensaal ein Architekturmuseum mit der Bezeichnung „Wagner Werk", in dem Sonder-

---

[132] Czeike, F.: Historisches Lexikon Wien, Band 4. Wien 1995, S. 583; Czeike, F.: Historisches Lexikon Wien, Band 6. Wien 2004, S. 37.

[133] Röhl, N.; Rückführung auf das Wesentliche: Generalsanierung der österreichischen Postsparkasse von Otto Wagner. In: Architektur 3/2006 (2006), S. 1-6.

ausstellungen zu Design und Architektur stattfanden. Nachdem dieses Museum im Oktober 2017 seine kurzzeitige Schließung erfuhr, wurde es 2018 wiedereröffnet. Der hohen Bedeutung der Postsparkasse für die Entwicklung der österreichischen Architektur wurde unter anderem dadurch Rechnung getragen, dass das Gebäude auf der Rückseite der ehemaligen 500-Schilling-Banknote zur Abbildung gelangte.

■ **Architektur der Baustruktur** ■

Die zum Georg-Coch-Platz orientierte Hauptfassade der Postsparkasse verfügt über einen Belag aus quadratischen Marmortäfelchen und Aluminiumapplikationen. Diese sehr extravagante Oberflächengestaltung soll an einen Geldspeicher erinnern. An Tief- und Hochparterre sind Granitplatten angebracht, wodurch sich letztendlich eine Mischung zahlreicher Baumaterialien – ein Grundparadigma des Jugendstils – ergibt. Insgesamt

**Abb. 5.7**
*Hauptfassade der österreichischen Postsparkasse am Georg-Coch-Platz 2. Die sehr eigenwillige Oberflächengestaltung zeichnet sich durch die Verwendung unterschiedlichster Materialien aus.*

liegt eine besonders geglückte Synthese aus Funktionalität und Ästhetik vor, da die Nieten, welche die Marmorverkleidung scheinbar an der Wand befestigen, lediglich zur Ornamentierung und Gliederung der Fassade dienen. Der Werkstoff Aluminium fand überhaupt eine sehr umfangreiche Anwendung und wurde für die Gestaltung äußerer und innerer Schmuckelemente genutzt.[134] Stilistisch zeichnet sich die Postsparkasse durch einen siebenachsigen Mittelteil aus, welcher über fünf Eingangstüren betreten werden kann und beiderseits von nahezu identisch gestalteten Seitentrakten begleitet wird. Der sehr augenscheinliche Mitteltrakt verfügt über zwei leicht vorkragende Seitenrisalite und eine über den Portalen positionierte Balkonfläche, die mit einem kunstvoll gestalteten Geländer eingezäunt ist. Über einem stark betonten und an der Unter-

**Abb. 5.8**
*Schriftzug und kranzförmiger Fassadenschmuck der Postsparkasse. Einzelne Elemente wurden aus Aluminium gegossen.*

---

[134] Veigl, Ch.: Otto Wagners Postsparkasse und ihre „Fleckerlpatschen". Rezeptionsgeschichte einer Plattenbefestigung. In: Wiener Geschichtsblätter 72 (2017), S. 297 ff.

fläche ornamentierten Gesims läuft der Schriftzug „ÖSTERR. POSTSPAR-KASSE" über die gesamte Breite der fünf zentralen Fensterachsen des Gebäudes. Über den Eckrisaliten sind jeweils geflügelte Siegesgöttinnen platziert, welche in beiden Händen je einen Siegeskranz halten. Direkt über dem Schriftzug erstreckt sich eine aus vertikalen und horizontalen Elementen sowie aus kranzförmigen Komponenten zusammengesetzte Struktur, welche dem Gebäude zusätzliche Monumentalität verleiht (Abb. 5.7, 5.8).

Die quadratisch konzipierte Kassenhalle im Inneren der Postsparkasse wird von einem doppelten Glasdach bekrönt, dessen untere Dachschale eine deutliche Wölbung aufweist. Der im Saal verlegte Fußboden setzt sich aus Glaskacheln zusammen, welche das Licht in die darunterliegenden Räume (Postfach- und Postsortierräume) durchscheinen lassen und diesen Bereichen Taghelligkeit bescheren. Das Vestibül enthält eine Büste Franz Josephs I., die von Richard Luksch gefertigt wurde. Die aus Aluminiumguss hergestellten Eckfiguren auf der Attika (siehe oben) stammen von Othmar Schimkowitz. Die Glasfenster gelten zum Teil als ein Werk von Leopold Forstner.[135]

### ■ Industriearchäologische Wertanalyse ■

Die österreichische Postsparkasse am Georg-Coch-Platz gilt als eines der Hauptwerke Otto Wagners und steht aufgrund ihres einzigartigen Erscheinungsbildes und ihrer den Richtlinien des Jugendstils folgenden Gestaltung unter Denkmalschutz. Das Gebäude wurde bis 2017 von der BAWAG PSK als Zentrale genutzt und beherbergt zudem eines der wenigen Architekturmuseen in der Bundeshauptstadt. Für die Zukunft ist ihm eine Verwendung zu wünschen, welche der außergewöhnlichen, hochfunktionellen Außen- und Innengestaltung einigermaßen gerecht werden kann. Aus industriearchäologischer Sicht repräsentiert die Postsparkasse eine der wertvollsten baulichen Quellen zur Dokumentation des Bankwesens im Habsburgerreich. Dieses erfuhr im Zuge der Industrialisierung einen spürbaren Aufschwung, der sich unter anderem in der Errichtung zahlreicher Prunkbauten widerspiegelte.

▲▽▲▽▲▽▲▽▲▽▲▽▲▽▲▽▲▽▲▽▲▽▲▽▲▽▲▽▲

---

[135] Wagner, O.: Die Österreichische Postsparkasse / The Austrian Postal Savings Bank. Deutsch/Englisch. Wien 1996.

# Schlusswort

**In der vorliegenden** Studie wurde der Versuch unternommen, einen groben Überblick zu jenen Wirtschaftsbauten in Österreich zu liefern, welche nach der Formensprache des Jugendstils konzipiert sind. Frühere Publikationen wie etwa jene von Jana Breuste, Andreas Lehne und Tamás Pinter konnten sehr klar demonstrieren, dass der Jugendstil keineswegs nur in die großbürgerliche Villenarchitektur Einzug hielt, sondern auch Wohnhäuser des Kleinbürgertums, öffentliche Gebäude, dem Verkehrswesen zuzuordnende Baukörper, Fabriken im weiteren Sinne und sogar sakrale Gebäude erfasste. Auch in den Überblickswerken zur österreichischen Industriearchäologie von Christoph Bertsch, Robert Sturm sowie Manfred Wehdorn und Mitarbeitern wurde bereits an mancher Stelle dezidiert auf die im Jugendstil gestaltete Bausubstanz hingewiesen. Hier nun erfolgte eine Sammlung aller vorhandenen Daten und entsprechende Auswertung nach wirtschaftshistorischen Kriterien. Dabei zeigte sich, dass die an der Wende vom 19. zum 20. Jahrhundert etablierte Wirtschaftsarchitektur innerhalb der Grenzen des heutigen Österreich zwar einen durchaus verwertbaren Bezug zum Jugendstil besaß, größtenteils aber vom Historismus mit seiner teils sehr strengen Stilistik geprägt war.

Die in den vorangegangenen Kapiteln vorgestellte Analyse ergab unter anderem, dass sich der Jugendstil mit seiner funktionellen und integrativen Formensprache insbesondere im Kraftwerksbau und in der Verkehrsarchitektur zu etablieren vermochte, weniger jedoch das Erscheinungsbild größerer Fabriken bestimmen konnte. Für diesen sicherlich bemerkenswerten Umstand mag es aus heutiger Sicht mehrere Erklärungsansätze geben; viele Fabrikensembles wuchsen in der Habsburgermonarchie über einen Zeitraum von mehreren Jahrzehnten, wodurch die Einbindung jener Gestaltungsideen, welche von einer eher kurzlebigen Kunstströmung erdacht worden waren, oftmals keine Berücksichtigung fanden. Für die meisten Großunternehmer galt das Fabrikgebäude als sichtbares Zeichen eines ökonomischen Aufstiegs, weshalb es nicht als Plattform für moderne architektonische Experimente missbraucht werden durfte, sondern eine gewisse visuelle Dominanz gegenüber seiner Umgebung auszustrahlen hatte.

# Schlusswort

Ganz anders sah die Sache bei Kraftwerken und Verkehrsbauten aus, die zumeist einer dauerhaften Belastung aus-gesetzt waren und demzufolge eine erhöhte strukturelle Stabilität besitzen mussten. Hier erwies sich der Jugendstil mit seiner auf die Funktion Objektes abgestimmten Bauweise und seiner Verwendung verschiedener Materialien (Eisen, Stahl, Beton, Ziegel, Glas usw.) häufig als bevorzugte Konstruktionsart, bei der man die teils extravagante Außengestaltung gerne in Kauf nahm. Die meisten hydroelektrischen Anlagen befanden sich zudem abseits größerer Ortschaften, wodurch ihr Erscheinungsbild eher zu einer Nebensache geriet. Beim Brückenbau konnte der Jugendstil in vielen Fällen durch seine leichte Metallbauweise überzeugen, welche zur Entstehung äußerst stabiler und bis heute nutzbarer Konstruktionen führte.

Die Studie konnte in weiterer Folge demonstrieren, dass die vom Jugendstil geprägte Wirtschaftsarchitektur innerhalb Österreichs eine eher ungleichmäßige Verteilung besitzt. Neben der Bundeshauptstadt Wien als Zentrum dieser Kunstströmung verfügen insbesondere die Bundesländer Salzburg und Vorarlberg über eine erhöhte Dichte an ökonomisch genutzten Jugendstilbauten mit erhöhter industriearchäologischer Relevanz. Die übrigen Bundesländer nehmen sich in diesem Bereich mehr oder weniger deutlich zurück und verfügen demzufolge nur über vereinzelte der Kunstepoche zuzuordnende Baustrukturen. Die inhomogene Verbreitung des Jugendstils in der österreichischen Wirtschaftsarchitektur basiert mit Sicherheit nicht nur auf einer einzelnen Ursache, sondern hat eine Vielzahl von Gründen, unter denen der Konservativismus zahlreicher Gemeindevertreter bezüglich des modernen Bauwesens hervorzuheben ist. In manchen Fällen war die Jugendstilkunst auch schlichtweg zu wenig vernetzt, um sich im ländlichen Bereich nachhaltig etablieren zu können. Bezugnehmend auf den erstgenannten Faktor ist es freilich umso bemerkenswerter, dass sich gerade in der Stadt Salzburg mit ihrer langen kirchlichen Tradition und größtenteils barocken Erscheinung eine Jugendstilkultur zu entwickeln vermochte. Ähnliches kann auch für Vorarlberg konstatiert werden, wobei sich das „Ländle" jedoch gerade in ökonomischer Hinsicht oftmals als sehr fortschrittlich erwiesen hatte.

# Schlusswort

Abschließend darf an dieser Stelle noch angemerkt werden, dass die Jugendstilforschung in Österreich noch zahlreiche offene Fragen zu beantworten hat und die spezifische Behandlung der Kunstepoche in der Wirtschafts- und Technikgeschichte beziehungsweise Industriearchäologie noch ziemlich am Anfang steht. Zukünftige Forschungen würden einen erheblichen Beitrag zum langfristigen Erhalt dieser wichtigen Baustrukturen leisten, zumal Jugendstilobjekte auch heute noch eine gewisse Form der Modernität auszustrahlen vermögen.

# Literaturverzeichnis

**Achleitner**, F.: Österreichische Architektur im 20. Jahrhundert. Band I: Oberösterreich, Salzburg, Tirol, Vorarlberg. Salzburg/Wien 1980.

**Achleitner**, F.: Österreichische Architektur im 20. Jahrhundert. Band II: Niederösterreich, Burgenland, Steiermark, Kärnten. Salzburg/Wien 1983.

**Achleitner**, F.: Zur Architektur von Kraftwerken. In: Künstlerhaus (Hrsg.): Lichtjahre. 100 Jahre Strom in Österreich. Katalog zur Ausstellung im Auftrag der Österreichischen Elektrizitätswirtschaft und der Gesellschaft Bildender Künstler Österreichs im Wiener Künstlerhaus vom 2. Juni bis 31. August 1986. Wien 1986, S. 213-235.

**Achleitner**, F.: Österreichische Architektur im 20. Jahrhundert. Band III/2 Wien 13. – 18. Bezirk. Salzburg 1995.

**Ahlers-Hestermann**, F.: Stilwende. Aufbruch der Jugend um 1900. Frankfurt/Main 1981.

**Ankwicz von Kleehoven**, H.: Josef Hoffmann. Das Palais Stoclet in Brüssel. Ein richtungsweisendes Meisterwerk österreichischer Baukunst und Innenausstattung. In: Alte und Moderne Kunst 6 (1961), S. 7-11.

**Banz**, C./**Beiersdorfer**, L./**Schulze**, S. (Hrsg.): Jugendstil. Die große Utopie. Hamburg 2015.

**Bernet**, C.: Jugendstil, Secession, Art nouveau. Norderstedt 2013.

**Bertsch**, Ch.: Fabrikarchitektur. Entwicklung und Bedeutung einer Baugattung anhand Vorarlberger Beispiele des 19. und 20. Jahrhunderts. Braunschweig 1981.

**Bischoff**, F.: Die Wiener Stadtbahn. In: Zeitschrift des Österreichischen Ingenieur- und Architekten-Vereines 49 (1897), S. 1-9.

**Breuste**, J.: Jugendstil in Salzburg. Salzburg/Wien 2013.

**Bundesdenkmalamt** (Hrsg.): Dehio-Handbuch: Die Kunstdenkmäler Österreichs. Wien X. bis XIX. und XXI. bis XXIII. Bezirk. Wien 1996.

**Christl**, K.: Der Umbau der „Hohen Brücke" über den Tiefen Graben in der Wipplingerstraße. In: Österreichische Wochenschrift für den öffentlichen Baudienst 10 (1904), S. 425-428.

**Conrad**, M. G./**Seidl**, A.: Die Gesellschaft. Band 16/Teil 2. Berlin 1970.

**Czeike**, F.: Rudolfsheim-Fünfhaus (Wiener Bezirkskulturführer, Bd. 15). Wien u. a. 1980.

**Czeike**, F.: Historisches Lexikon Wien, Band 4. Wien 1995.

**Czeike**, F.: Historisches Lexikon Wien, Band 6. Wien 2004.

**Danzl**, V./**Niedermeier**, St./**Kallert**, H./**Wurbs**, Th.: Generalinstandsetzung der Salzachbrücke Laufen-Oberndorf. In: Stahlbau 76 (2007), S. 372-380.

**Dewiel**, L.: Schnellkurs Jugendstil. Köln 2007.

**Drosihn**, F. C.: Aschersleben im 19. Jahrhundert. Aschersleben 1900 (Nachdruck: Naumburg 2000).

**Energie AG Oberösterreich**: Wasserkraftwerk Steyrdurchbruch. Energie AG Oberösterreich Kraftwerke AG, Linz 2015.

**EVN** (Hrsg.): Energie. 75 Jahre EVN. Zur Technik- und Kulturgeschichte. Ausstellungskatalog. EVN, St. Pölten 1997.

**Fahr-Becker**, G.: Jugendstil. Königswinter 2007.

**Fischer**, M. W.: Salzburger Photographien. Stadt und Land nach 1920. Salzburg/ Wien 1986.

**Fischer**, M./**Dirninger**, Ch./**Höllbacher**, R./**Lorber**, F.: Historische Wirtschaftsarchitektur in Salzburg. Bauten – Einrichtungen – Werkzeuge. Salzburg/München 1997.

**Franzke**, A./**Maurer**, J.: 1860-2010: 150 Jahre Bahnstrecke Rosenheim – Salzburg. München 2010.

**Girkinger**, W./**Heizmann**, W.: Die Steyr. Landschaft und Menschen am Fluss. Steyr 1990.

**Good**, D.: Der wirtschaftliche Aufstieg des Habsburgerreiches 1750 – 1914. Wien/ Köln/Graz 1986.

**Guth**, P./**Sikora**, B.: Jugendstil & Werkkunst. Architektur um 1900 in Leipzig. Leipzig 2005.

**Haberkalt**, K.: Die Überbrückung der Salzach zwischen Oberndorf und Laufen. In: Allgemeine Bauzeitung 67 (1902), S. 17-30.

**Hajos**, G.: Gartenarchitektur des Jugendstils und der Zwischenkriegszeit. In: Die Gartenkunst 7 (1995), S. 177-181.

**Hamann**, R./**Hermand**, J.: Stilkunst um 1900. Hamburg 1977.

**Hamm**, S./**Kübler**, S. (Hrsg.): Bauen für ein neues Leben. Die Entstehung der Bad Nauheimer Jugendstilanlagen, fotografiert von Albert Schmidt, 1905–1911. Stuttgart 2007.

**Heinisch**, R. R./**Marx**, E./**Waitzbauer**, H.: Bomben auf Salzburg: die „Gauhauptstadt" im „totalen Krieg". Salzburg 1995.

**Hinterseer**, S.: Gastein und seine Geschichte. Badgastein 1965.

**Hirth**, G.: Wege zur Freiheit. München 1903.

**Hufschmied**, R.: „Weißes Gold" in der Donaumonarchie. In: **Rathkolb**, O./**Hufschmied**, R./**Kuchler**, A./**Leidinger**, H.: Wasserkraft. Elektrizität. Gesellschaft. Kraftwerksprojekte ab 1880 im Spannungsfeld. Wien 2012, S. 45.

**Hykysch**, R.: Die Bahnhöfe im Lande Salzburg. Diss. Univ. Salzburg 1989.

**Kadatz**, H.-J.: Seemanns Lexikon der Weltarchitektur. Leipzig 2000.

**Kernmayr**, H. G.: Brot und Eisen. Festschrift der Handelskammer anlässlich ihres 100-jährigen Bestehens. Salzburg 1951.

**Klusacek**, Ch./**Stimmer**, K.: Die Stadt und der Strom. Wien und die Donau. Wien 1995.

**Kohn**, I. (Verf. u. Hrsg.): Österreichisches Eisenbahn-Jahrbuch, 1. Jahrgang. Wien 1868.

**Krejs**, Ch.: Salzburger Stadterweiterung im 19. Jahrhundert. Diss. Univ. Salzburg 1990.

**Lieb**, S.: Was ist Jugendstil? Eine Analyse der Jugendstilarchitektur 1890–1910. Darmstadt 2000.

**Machatschek**, A.: Die Revitalisierung des Schützenhauses in Wien. In: Österreichische Zeitschrift für Kunst und Denkmalpflege 23 (1978), S. 113-119.

**Marchetti**, H.: Stern & Haferl - Visionen mit Tradition 1883-2003. Gmunden 2003.

**Mentschl**, J.: Österreichische Wirtschaftspioniere. Wien 1959.

**Mittersteiner**, R.: Kraftfelder. Strom prägt ein Jahrhundert. 100 Jahre VKW. Bregenz 2001.

**Motter**, B./**Grabherr-Schneider**, B.: Orte – Fabriken – Geschichten: 188 historische Industriebauten in Vorarlberg. Innsbruck/Wien 2014.

**Neumann-Adrian**, E./**Neumann-Adrian**, M.: Münchens Lust am Jugendstil. Häuser und Menschen um 1900. München 2006.

**Niederösterreichische Elektrizitätswirtschafts-AG** (Hrsg.): „NEWAG". Wien 1928.

**Nockher**, L.: Oskar von Miller. Der Gründer des Deutschen Museums von Meisterwerken der Naturwissenschaft und Technik. Stuttgart 1953.

**Oberösterrreichische Landesregierung** (Hrsg.): Oberösterreich. Wesen und Leistung. Linz 1951/52.

**Paul**, M.: Technischer Führer durch Wien. Wien 1910.

**Pevsner**, N./**Flemming**, J./**Honour**, H. (Hrsg.): Lexikon der Weltarchitektur. München 1971.

**Rauter**, D./**Rainer**, H.: Ein Verkehrsweg erschließt die Alpen: Die Nebenbahnen der k. k. prov. Kronprinz Rudolf-Bahn. Judenburg 1998.

**Retzlaff**, H./**Kunnert**, H.: Das Burgenland. Berlin 1942.

**Röhl**, N.; Rückführung auf das Wesentliche: Generalsanierung der österreichischen Postsparkasse von Otto Wagner. In: Architektur 3/2006 (2006), S. 1-6.

**Roßhaendler**, J.: Elektrizitätsversorgung und Wasserkraftnutzung in der Mittelsteiermark. In: Elektrotechnik und Maschinenbau (1925), S. 710-718.

**Ruppert**, W.: Die Fabrik. Geschichte von Arbeit und Industrialisierung in Deutschland. München 1983.

**Russel**, F.: Architektur des Jugendstils. Die Überwindung des Historismus in Europa und Nordamerika. Stuttgart 1982.

**Sanna**, A./**Farina**, V.: Jugendstil, Secessionsstil, Modernisme, Stile Liberty, Nieuwe Kunst, Modern Style. Florenz 2011.

**Schmeja**, M.: Wasserkraft aus Peggau. In: Elektrobote (STEG) 10 (1978), S. 33-36.

**Schreiber**, H.: Wasser und Krieg. In: Die Wasserwirtschaft 7/12 (1914), S. 417-422.

**Sembach**, K.-J.: Jugendstil. Die Utopie der Versöhnung. Köln 2007.

**Steiner**, R.: Die Energiewirtschaft Tirols. In: Österreichische Zeitschrift für Elektrizitätswirtschaft (ÖZE) 3/10 (1950), S. 294-299.

**Sterk**, H.: Industriekultur in Österreich. Der Wandel in Architektur, Kunst und Gesellschaft im Fabrikszeitalter 1873-1918. Wien 1985.

**Sturm**, R.: Industrialisierung einer Barockstadt. Industrie-, Gewerbe- und Verkehrsbauten des 19. und frühen 20. Jahrhunderts in der Stadt Salzburg und Umgebung. Saarbrücken 2009.

**Sturm**, R.: Historische Wirtschaftsdenkmäler in der Stadt Salzburg. Eine industriearchäologische Stadtrundfahrt. Berlin 2016.

**Sturm**, R.: Stereoskopischer Bildatlas zur historischen Wirtschaftsarchitektur. Bundesland Salzburg und angrenzender bayerischer Raum. Hamburg 2018.

**Taussig**, S.: Über die Arbeiten zur Umwandlung des Wiener Donaucanals in einen Handels- und Winterhafen. In: Zeitschrift des Österreichischen Ingenieur- und Architekten-Vereines 49 (1897), S. 209-213, 225-229.

**Varga**, L.: Die Brücke über die Zeile – Otto-Wagner-Brücke. In: Blätter des Meidlinger Bezirksmuseums 66 (2006), S. 68-78.

**Veigl**, Ch.: Otto Wagners Postsparkasse und ihre „Fleckerlpatschen". Rezeptionsgeschichte einer Plattenbefestigung. In: Wiener Geschichtsblätter 72 (2017), S. 297 ff.

**Wagner**, O.: Die Österreichische Postsparkasse / The Austrian Postal Savings Bank. Deutsch/Englisch. Wien 1996.

**Weber-Wille**, V.: Architektur von Wasserkraftwerken in Österreich. Diss. Univ. Wien, Wien 2013.

**Wehdorn**, M: Die Bauwerke der Wiener Ringstraße. Wiesbaden 1979.

**Wehdorn**, M./**Georgeacopol-Winischhofer**: Baudenkmäler der Technik und Industrie in Österreich. 1. Wien, Niederösterreich und Burgenland. Wien 1984.

**Wehdorn**, M./**Georgeacopol-Winischhofer**, U./**Roth**, P. W.: Baudenkmäler der Technik und Industrie in Österreich. 2. Steiermark und Kärnten. Wien 1991.

**Weidenholzer**, Th./ **Müller**, G.: Salzburgs alte und neue Brücken über die Salzach. Salzburg 2001.

**Witz**, G.: Elektrizitätswerk „Feistritzhammer" des Blechwalzwerkes der Firma C. T. Petzold und Co. in Krieglach. In: ZÖIAV 58 (1906), S. 113-117.

**Woltron**, U.: Die kleinen Wasserkraftwerke der EVN. Dipl.-Arb. TU Wien, Wien 1992.

# Bildnachweis

**Abb. 1.1:** Von Danielbaise - Eigenes Werk, CC BY-SA 4.0, https://commons.wikimedia.org/w/index.php?curid=72792094 [11. 10. 2019]

**Abb. 1.2:** http://www.leerstehende-baudenkmale.de/baudenkmale/sachsenanhalt/asl/aslfabrikoptima/01.htm [11. 10. 2019]

**Abb. 2.1:** Von Solari - Eigenes Werk, CC BY-SA 3.0, https://commons.wikimedia.org/w/index.php?curid=4318186 [11. 10. 2019]

**Abb. 2.2:** Von Bwag - Eigenes Werk, CC BY 3.0 at, https://commons.wikimedia.org/w/index.php?curid=29337933 [11. 10. 2019]

**Abb. 2.3:** Von wdwd - Eigenes Werk, CC BY 3.0, https://commons.wikimedia.org/w/index.php?curid=16651221 [11. 10. 2019]

**Abb. 2.4:** Von unbekannt - Raimund Ločičnik: Das Steyrtal. Sutton Verlag 2010 ISBN 978-3-86680-647-4 S. 34, PD-alt-100, https://de.wikipedia.org/w/index.php?curid=6359456 [11. 10. 2019]

**Abb. 2.5:** Von Dralon - Selbst fotografiert, CC BY 2.0, https://commons.wikimedia.org/w/index.php?curid=565572 [11. 10. 2019]

**Abb. 2.6:** Von Lomski - Eigenes Werk, CC BY 3.0, https://commons.wikimedia.org/w/index.php?curid=5099191 [11. 10. 2019]

**Abb. 2.7:** Robert Sturm

**Abb. 2.8:** Von Christoph Waghubinger (Lewenstein) - Eigenes Werk, CC BY-SA 3.0 at, https://commons.wikimedia.org/w/index.php?curid=32342530 [11. 10. 2019]

**Abb. 2.9:** https://www.energieag.at/Themen/Energie-fuer-Sie/Kraftwerke/Wasserkraftwerke [11. 10. 2019]

**Abb. 2.10:** Aus: Weber-Wille, S. 190

**Abb. 2.11:** Aus: Weber-Wille, S. 191

**Abb. 2.12:** https://www.sn.at/wiki/Datei:Bad_Gastein_Kraftwerk_am_Wasserfall_1997-03_(2).jpg [11. 10. 2019]

**Abb. 2.13:** Robert Sturm

**Abb. 2.14:** Aus: Weber-Wille, S. 201.

**Abb. 2.15:** Von böhringer friedrich - Eigenes Werk, CC BY-SA 2.5, https://commons.wikimedia.org/w/index.php?curid=2600010 [11. 10. 2019]

**Abb. 2.16:** Von böhringer friedrich - Eigenes Werk, CC BY-SA 2.5, https://commons.wikimedia.org/w/index.php?curid=2785205 [11. 10. 2019]

**Abb. 2.17:** https://www.google.com/url?sa=i&rct=j&q=&esrc=s&source=images&cd=&ved=2ahUKEwi69fLWioLlAhWtDWMBHca9DcMQjhx6BAgBEAI&url=http%3A%2F%2Fwww.ac-bodensee.at%2Fdownload%2F2010-06-07-Besichtigung-VKW-Andelsbuch.pdf&psig=AOvVaw0qyXmm9LnZzDHeko2uaBkW&ust=1570260330657565 [11. 10. 2019]

**Abb. 2.18:** https://www.geocaching.com/geocache/GC26821_kw-03-peggau-deutschfeistritz?guid=9b5aac25-573b-4721-82ec-28a3ed8de492 [11. 10. 2019]

**Abb. 2.19:** http://www.sagen.at/fotos/showphoto.php/photo/3218/size/big (©H. Hartmann) [11. 10. 2019]

**Abb. 2.20:** https://austria-forum.org/af/Wissenssammlungen/Damals_in_der_Steiermark/Wie_Graz_unter_Strom_kam [11. 10. 2019]

**Abb. 3.1:** Zeichnungen: Robert Sturm

**Abb. 3.2:** By Michael Kranewitter - Ownwork, CC BY-SA 3.0, https://commons.wikimedia.org/w/index.php?curid=14889070 [11. 10. 2019]

**Abb. 3.3:** https://www.meinbezirk.at/liesing/c-bauen/froehlichhof_a979078#gallery=default&pid=3473614 [11. 10. 2019]

**Abb. 3.4:** https://www.meinbezirk.at/liesing/c-bauen/froehlichhof_a979078#gallery=default&pid=3473614 [11. 10. 2019]

**Abb. 3.5:** https://mapio.net/a/86275442/?lang=de [11. 10. 2019]

**Abb. 3.6:** Von Johann Jaritz - Selbst fotografiert, CC BY-SA 3.0, https://commons.wikimedia.org/w/index.php?curid=6588042 [11. 10. 2019]

**Abb. 3.7:** https://www.vol.at/erzaehlabend-stickerei-und-kloeppelspitzenerzeugung/4118272 [11. 10. 2019]

**Abb. 3.8:** By böhringer friedrich - Own work, CC BY-SA 2.5, https://commons.wikimedia.org/w/index.php?curid=2735877 [11. 10. 2019]

**Abb. 3.9:** By böhringer friedrich - Own work, CC BY-SA 2.5, https://commons.wikimedia.org/w/index.php?curid=2729813 [11. 10. 2019]

**Abb. 3.10:** Robert Sturm

**Abb. 3.11:** By böhringer friedrich - Own work, CC BY-SA 2.5, https://commons.wikimedia.org/w/index.php?curid=2693755 [11. 10. 2019]

**Abb. 3.12:** Robert Sturm

**Abb. 3.13:** https://www.heim-mueller.at/de-at/projekte/althaussanierung/löwenbrauerei/ [11. 10. 2019]

**Abb. 4.1:** Von MPW57 - Eigenes Werk, Gemeinfrei, https://commons.wikimedia.org/w/index.php?curid=4120071 [11. 10. 2019]

**Abb. 4.2:** Robert Sturm

**Abb. 4.3:** By Johann Jaritz / CC BY-SA 4.0, CC BY-SA 4.0, https://commons.wikimedia.org/w/index.php?curid=42135220 [11. 10. 2019]

**Abb. 4.4:** Aus: https://edoc.hu-berlin.de/bitstream/handle/18452/7837/breuste.pdf (Archiv Hans und Ulrike Schrott) [11. 10. 2019]

**Abb. 4.5:** Von —Earnest B—, CC BY-SA 3.0, https://commons.wikimedia.org/w/index.php?curid=11342917 [11. 10. 2019]

**Abb. 4.6:** Von Arne Müseler / www.arne-mueseler.de - Eigenes Werk, CC BY-SA 3.0 at, https://commons.wikimedia.org/w/index.php?curid=16311023 [11. 10. 2019]

**Abb. 4.7:** Von Unbekannt - Vienna Museum, Gemeinfrei, https://commons.wikimedia.org/w/index.php?curid=2140307 [11. 10. 2019]

**Abb. 4.8:** Von Andrew Nash from Vienna, Austria - Hohe Bruecke Wien Tiefer Graben - 01, CC BY-SA 2.0, https://commons.wikimedia.org/w/index.php?curid=35853853 [11. 10. 2019]

**Abb. 4.9:** Von Andrew Nash from Vienna, Austria - Hohe Bruecke Wien Tiefer Graben - 05, CC BY-SA 2.0, https://commons.wikimedia.org/w/index.php?curid=35853848 [11. 10. 2019]

**Abb. 4.10:** Von Andrew Nash from Vienna, Austria - Hohe Bruecke Wien Tiefer Graben - 14, CC BY-SA 2.0, https://commons.wikimedia.org/w/index.php?curid=35853835 [11. 10. 2019]

**Abb. 4.11:** Von Cha già José from Vienna, Austria - Döblinger StegUploaded by Tok-fo, CC BY-SA 2.0, https://commons.wikimedia.org/w/index.php?curid= 29712787 [11. 10. 2019]

**Abb. 4.12:** Von Bwag - Eigenes Werk, CC BY-SA 4.0, https://commons.wikimedia.org /w/index.php?curid=50275230 [11. 10. 2019]

**Abb. 4.13:** Von Tokfo - Eigenes Werk, CC BY-SA 3.0 at, https://commons.wikimedia. org/w/index.php?curid=35059692 [11. 10. 2019]

**Abb. 4.14:** https://www.wien.gv.at/verkehr/brueckenbau/historischeanlagen/radetz kybruecke.html [11. 10. 2019]

**Abb. 4.15:** Von Friedrich Strauß - Vienna Museum, Gemeinfrei, https://commons.wiki media.org/w/index.php?curid=4907145 [11. 10. 2019]

**Abb. 4.16:** Von Gryffindor - Eigenes Werk, CC BY-SA 3.0, https://commons.wiki media.org/w/index.php?curid=15242282 [11. 10. 2019]

**Abb. 4.17:** https://commons.wikimedia.org/w/index.php?curid=29361436) [11. 10. 2019]

**Abb. 4.18:** Von Thomas Ledl - Eigenes Werk, CC BY-SA 3.0 at, https://commons.wiki media.org/w/index.php?curid=28265966 [11. 10. 2019]

**Abb. 4.19:** By Anonymous - private collection of Wolfgang Sauber (Xenophon), Pub-lic Domain, https://commons.wikimedia.org/w/index.php?curid=5066321 [11. 10. 2019]

**Abb. 4.20:** www.pixabay.com [11. 10. 2019]

**Abb. 4.21:** www.pixabay.com [11. 10. 2019]

**Abb. 4.22:** https://www.sn.at/wiki/images/5/59/Br%C3%BCckenansicht_von_Laufen _aus.JPG [11. 10. 2019]

**Abb. 4.23:** Von Eweht - Eigenes Werk, CC BY-SA 4.0, https://commons.wikimedia.org /w/index.php?curid=70857977 [11. 10. 2019]

**Abb. 4.24:** Von Eudherz - Eigenes Werk, CC BY-SA 4.0, https://commons.wikimedia. org/w/index.php?curid=81511580 [11. 10. 2019]

**Abb. 5.1:** Witz, G.: Elektrizitätswerk „Feistritzhammer" des Blechwalzwerkes der Firma C. T. Petzold und Co. in Krieglach. In: ZÖIAV 58 (1906), Taf. V

**Abb. 5.2:** Von 10. April 2011 - Eigenes Werk (Originaltext: eigene Aufnahme), CC BY-SA 3.0, https://commons.wikimedia.org/w/index.php?curid=14923269 [11. 10. 2019]

**Abb. 5.3:** By 10. April 2011 - Own work (Original text: eigene Aufnahme), CC BY-SA 3.0, https://commons.wikimedia.org/w/index.php?curid=14923243 [11. 10. 2019]

**Abb. 5.4:** https://schlotforum.wordpress.com/2009/12/24/1170-wien-josef-manner -comp-ag/#jp-carousel-4239 [11. 10. 2019]

**Abb. 5.5:** Von Schiffswalter, CC BY 3.0, https://commons.wikimedia.org/w/index. php?curid=54108226 [11. 10. 2019]

**Abb. 5.6:** Von Peter Gugerell - Eigenes Werk, Gemeinfrei, https://commons.wiki media.org/w/index.php?curid=11138754 [11. 10. 2019]

**Abb. 5.7:** Von Thomas Ledl - Eigenes Werk, CC BY-SA 4.0, https://commons.wiki media.org/w/index.php?curid=60119177 [11. 10. 2019]

**Abb. 5.8:** Von Thomas Ledl - Eigenes Werk, CC BY-SA 3.0, https://commons.wiki media.org/w/index.php?curid=16894868 [11. 10. 2019]